中华古籍保护计划

ZHONG HUA GU JI BAO HU JI HUA CHENG GUO

·成 果·

册府千华

湖北省藏国家珍贵古籍展图录

湖北省图书馆 编

长江出版传媒

崇文书局

图书在版编目（CIP）数据

册府千华：湖北省藏国家珍贵古籍展图录 / 湖北省
图书馆编 . -- 武汉 : 崇文书局，2024. 12. -- ISBN
978-7-5403-7913-1

Ⅰ. G256.22-64

中国国家版本馆 CIP 数据核字第 2025R2N922 号

策划编辑：李艳丽
责任编辑：王　璇
封面设计：徐　慧
责任校对：侯似虎
责任印制：邵雨奇

册府千华：湖北省藏国家珍贵古籍展图录
CEFUQIANHUA : HUBEISHENG CANG GUOJIA ZHENGUI GUJIZHAN TULU

出版发行： 长江出版传媒｜崇文书局

地　　址：武汉市雄楚大街 268 号 C 座 11 层

电　　话：(027)87677133　　　邮政编码：430070

印　　刷：湖北新华印务有限公司

开　　本：889mm×1194mm　　1/16

印　　张：15.5

版　　次：2024 年 12 月第 1 版

印　　次：2024 年 12 月第 1 次印刷

定　　价：368.00 元

编委会

前　言

　　东壁藏宝笈，荆楚毓灵秀。荆楚古籍卷帙浩繁，多有善本。目前湖北省已普查登记古籍9万余部，80万余册（件），8家单位入选全国古籍重点保护单位。本省存藏古籍有以下特点：一是竹简藏量在全国名列前茅。二是颇多明清善本，不仅刻本种类齐全，亦多有珍稀稿抄本、批校本。三是收藏特色鲜明，近代史料、小学、金石、中医、湖北地方文献等十分丰富。至今，全省有260部古籍入选《国家珍贵古籍名录》，皆具重要的文献价值、文物价值与艺术价值，是荆楚大地上的宝贵文化遗产。

　　2023年11月15日，"册府千华——湖北省藏国家珍贵古籍展"开幕。此次展览由中国国家图书馆（国家古籍保护中心）主办，湖北省图书馆（湖北省古籍保护中心）承办，湖北省博物馆、武汉图书馆、武汉大学图书馆、华中师范大学图书馆、湖北大学图书馆、襄阳市图书馆、宜昌市图书馆、黄冈市图书馆、谷城县图书馆协办，共展出150部入选《国家珍贵古籍名录》的善本。展览按照版本时代，分为"宋元宝笈""明版珍椠""清代琳琅"三个单元，包括写本、稿抄本、批校本、刻本、活字本、套印本等多种类型，官私家坊等多方刻书机构齐备，可谓是琳琅满目，异彩纷呈。

本次展览系统展示了从宋到元、明、清历代版本的面貌与特色。其中湖北省图书馆藏北宋写金粟山广惠禅院大藏经本《大方广佛华严经》年代最早，存世稀少，洵为宝贵；明万历四十五年刻本《〔万历〕襄阳县志》为襄阳县首部方志，是乡邦文献研究的重要史料；武汉大学图书馆藏《通鉴纪事本末》为宋代宝祐五年赵与筹雕版，元明修补，具有较高的版本价值；谷城县图书馆藏明正德六年泥金写本《金刚般若波罗蜜经》供养人为就藩于安陆的兴王朱祐杬，书写谨严，装池华净。清代部分展出的大量稿抄本、批校本，或出自名家之手，如皮锡瑞的稿本《师伏堂日记》；或与湖北人文风物有关，如清抄本《湖北金石诗》，皆有助于相关学术研究。

路漫漫其修远兮，吾将上下而求索。我们期望通过展示荆楚大地所藏古籍，来致敬收藏、保护和传承中华优秀传统文化的荆楚先贤；也希望以本次展览及图录编纂为契机，提炼出优秀传统文化的精神标识，讲好古籍故事，让更多民众走近古籍、了解古籍，以高质量文化供给增加人们的获得感和幸福感。

凡 例

一、本书收录"册府千华——湖北省藏国家珍贵古籍展"展出的古籍，共计一百五十部，来自全省十家单位，均入选《国家珍贵古籍名录》。

二、本书编排整体以版本时代为序，兼顾版本类型。

三、各书著录项目包括题名、卷数、（朝代）著者、著作方式、版本、批校题跋、存缺卷、特殊装帧形式、开本及板框尺寸、行款、版式、钤印、册数、收藏单位、《国家珍贵古籍名录》编号等。

四、各项目依《汉文古籍著录规则》著录。《武英殿聚珍版书》仅著录现存子目种数。

五、书影选择以正文首卷卷端为主，另选取能反映抄刻时间之序跋、牌记叶，以及有特色藏书印或批校题跋的书影，限一至四幅。

目　录

二、明版珍椠

明洪武至正德刻本

明嘉靖至万历刻本

明泰昌至崇祯刻本

三、清代琳琅

清代稿本

清代抄本

一、宋元宝笈

唐及以前，书靠手写，宋代雕版印刷的大兴，使得书籍编撰刻印出现转折，迎来了印本的繁华期。元代承其余绪，行省、儒学、书院皆有刻书；坊刻、家刻百花齐放，各领风骚。宋元本因去古较近，可窥原貌；然距今已远，散亡较多，留存较少；加之刻印精审，故其版本、学术、艺术价值均较高。荆楚典籍虽不显于宋元，然有赖于后辈辛勤访求，故本省今存一部宋写本，不少宋元刻本及其递修本。

智境而生諸調順人所共圍遶願一切眾生

住離染法滅除一切煩惱塵垢願一切眾生

時得成就無上僧寶離凡夫地入賢聖眾願

一切眾生勤修善法得無礙智具聖功德願

一切眾生得智慧心不著三世於諸眾中自

在如王願一切眾生乘智慧乘轉正法輪願

一切眾生具足神通一念能往不可說不可

說世界願一切眾生乘虛空身於諸世間智

慧無礙願一切眾生普入一切虛空法界諸

佛眾會成就第一波羅蜜行願一切眾生得

輕舉身殊勝智慧悉能遍入一切佛剎願一

切眾生獲無邊際善巧神足於一切剎普現

其身願一切眾生得於一切無所依身以神

宣統元年三月廿三日宜都楊守敬記

菩薩摩訶薩以眾寶車布施僧時起學一切
施心智善了心淨功德心隨順捨心僧寶難
遇心深信僧寶心攝持正教心住勝志樂得
未曾有為大施會出生無量廣大功德深信
佛教不可沮壞以諸善根如是迴向所謂願
一切眾生普入佛法憶持不忘願一切眾生
離凡愚法入賢聖處願一切眾生速入聖位
能以佛法次第開誘願一切眾生舉世宗重
言必言用願一切眾生善入一切諸法平等

001. 大方广佛华严经八十卷 （唐）释实叉难陀译 北宋写金粟山广惠禅院大
藏经本 杨守敬题款 存一卷（二十二）

经折装。开本高27.6厘米，宽11.3厘米。朱丝栏，行十七字。首尾残，存一百七十六折，
一千五十六行。湖北省图书馆藏。

国家珍贵古籍名录编号：12381。

武帝上

高祖武皇帝諱裕字德輿小名寄奴彭城縣綏
里人漢高帝弟楚元王交之後也交生紅懿侯
富富生宗正辟彊辟彊生陽城繆侯德德生陽
城節侯安民安民生陽城釐侯慶忌慶忌生陽
城肅侯岑岑生宗正平平生東武城令某某生
東莞太守景景生明經冶冶生博士弘弘生瑯

宋書一　臣沈約新撰

002. 宋书一百卷　（南朝梁）沈约撰　宋刻宋元明递修本（有抄补）　存九十六卷（一至六十三、六十八至一百）

开本高 31.6 厘米，宽 20 厘米。框高 23.6 厘米，宽 18.5 厘米。半叶九行，行十八字，白口，左右双边。存二十九册。武汉大学图书馆藏。

国家珍贵古籍名录编号：02714。

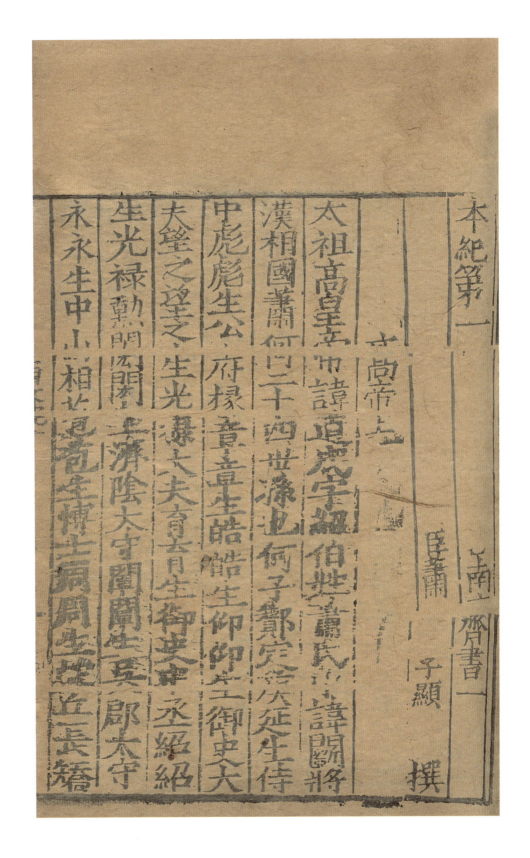

003. 南齐书五十九卷 （南朝梁）萧子显撰　宋刻元明递修本

开本高 31.5 厘米，宽 20.3 厘米。框高 22.8 厘米，宽 18.1 厘米。半叶九行，行十八至十九字，白口，左右双边。十二册。武汉大学图书馆藏。

国家珍贵古籍名录编号：02720。

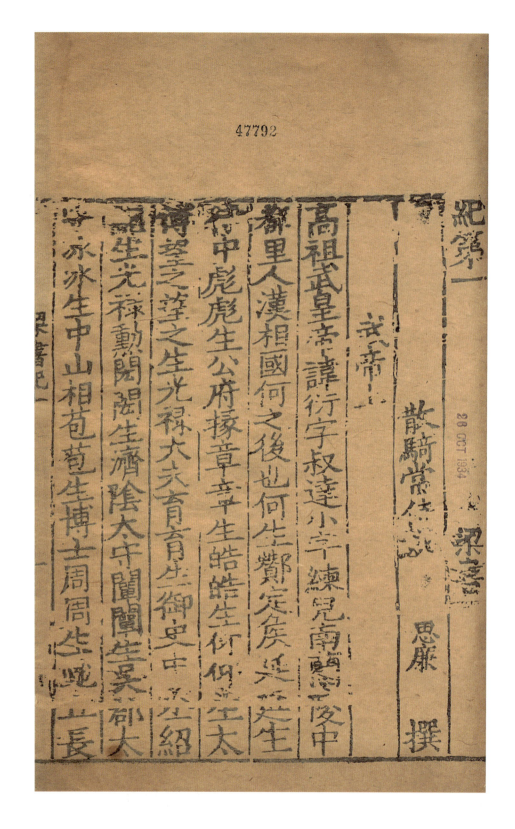

004. 梁书五十六卷　（唐）姚思廉撰　宋刻元明递修本（有抄配）　存三十八卷（一至九、二十八至五十六）

　　开本高31厘米，宽21.5厘米。框高22.1厘米，宽18.7厘米。半叶九行，行十八字，白口，左右双边。存十六册。武汉大学图书馆藏。

　　国家珍贵古籍名录编号：02732。

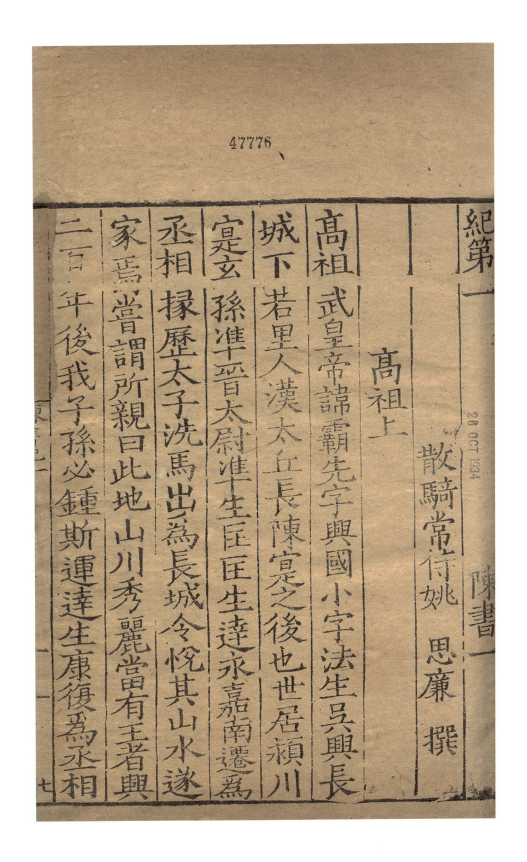

陳書一

散騎常侍姚　思廉　撰

紀第一

高祖上

高祖武皇帝諱霸先字興國小字法生吳興長

城下若里人漢太丘長陳寔之後也世居潁川

寔玄孫準晉太尉準生匡匡生達永嘉南遷爲

丞相掾歷太子洗馬出爲長城令悅其山水遂

家焉嘗謂所親曰此地山川秀麗當有王者興

二百年後我子孫必鍾斯運達生康復爲丞相

005. 陈书三十六卷 （唐）姚思廉撰　宋刻宋元明递修本

开本高 31 厘米，宽 20.8 厘米。框高 23.4 厘米，宽 18.5 厘米。半叶九行，行十八字，白口，左右双边。十六册。武汉大学图书馆藏。

国家珍贵古籍名录编号：07051。

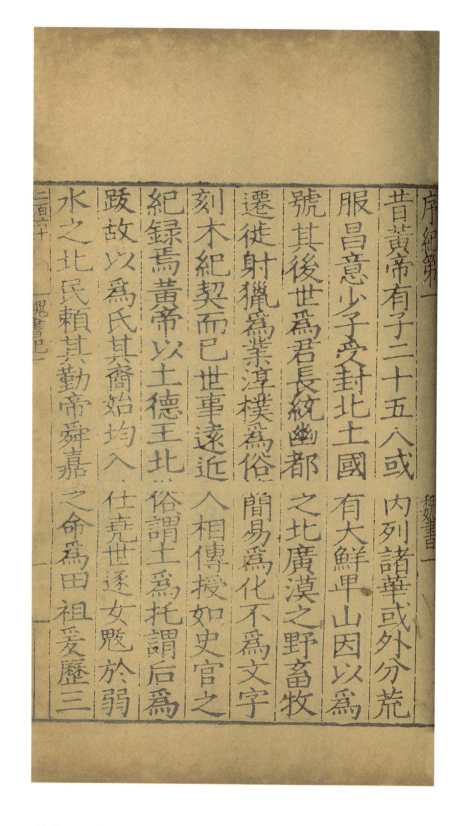

006. 魏书一百十四卷 （北齐）魏收撰 宋刻宋元明递修本 存一百六卷（一至二十七、三十二至一百十）

开本高31.5厘米，宽20厘米。框高22.5厘米，宽18.7厘米。半叶九行，行十八字，白口，左右双边。存三十九册。武汉大学图书馆藏。

国家珍贵古籍名录编号：02745。

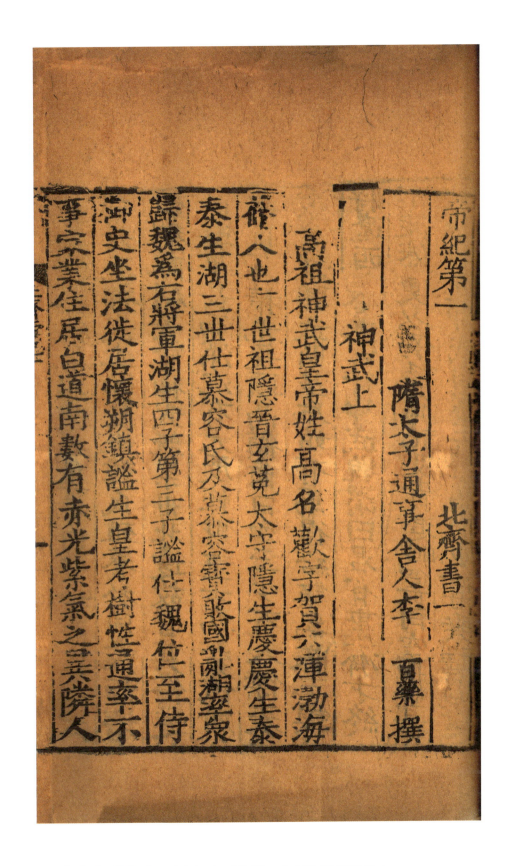

007. 北齐书五十卷 （唐）李百药撰 宋刻宋元明递修本
　　开本高 31.4 厘米，宽 20.4 厘米。框高 20.9 厘米，宽 18.9 厘米。半叶九行，行十八字，白口，左右双边。八册。武汉大学图书馆藏。
　　国家珍贵古籍名录编号：00425。

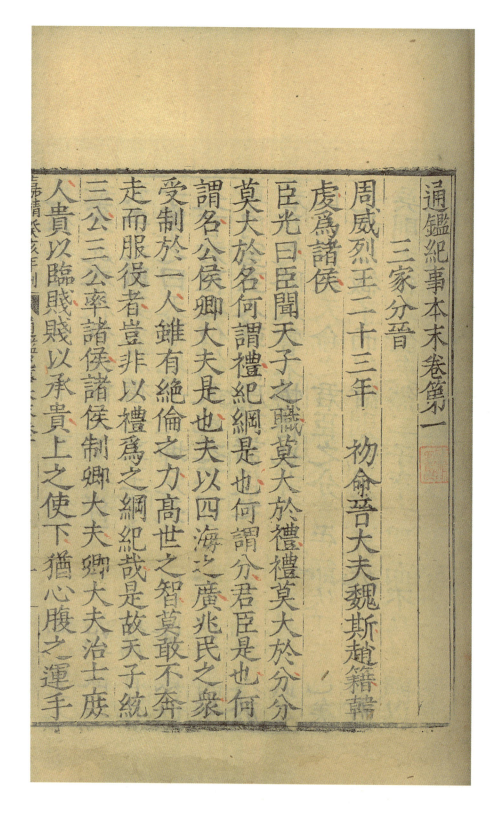

008. 通鉴纪事本末四十二卷 （宋）袁枢撰　宋宝祐五年（1257）赵与篡刻元明递修本

开本高33.3厘米，宽23.5厘米。框高24.3厘米，宽19.2厘米。半叶十一行，行十九字，左右双边，白口。四十二册。武汉大学图书馆藏。

国家珍贵古籍名录编号：02819。

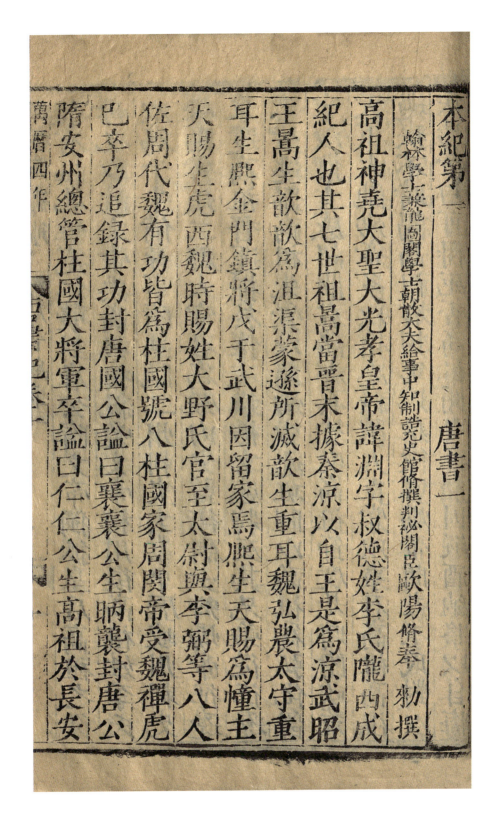

009. 唐书二百二十五卷 （宋）欧阳修 （宋）宋祁等撰 **释音二十五卷** （宋）董冲撰 元大德九年（1305）建康路儒学刻明清递修本

开本高 25.7 厘米，宽 16.7 厘米。框高 22.6 厘米，宽 15.6 厘米。半叶十行，行二十二字，白口，四周双边。四十四册。宜昌市图书馆藏。

国家珍贵古籍名录编号：07070。

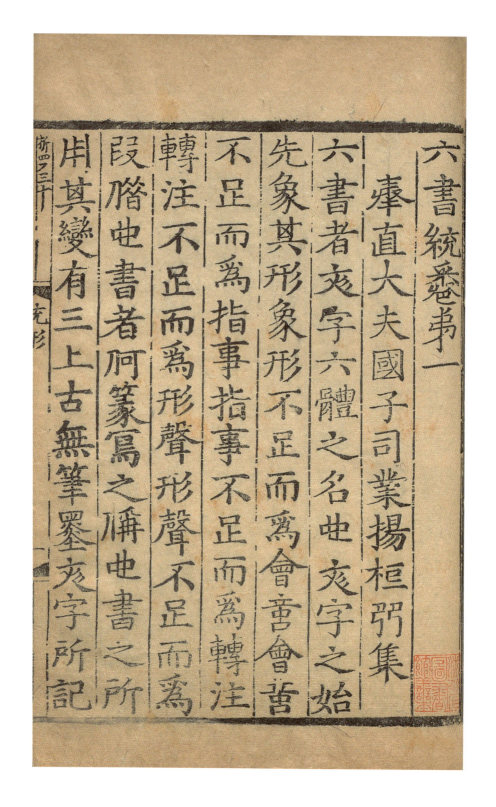

010. 六书统二十卷 （元）杨恒撰　元至大元年（1308）江浙行省儒学刻元明递修本　存十九卷（一至十三、十五至二十）

开本高 27.7 厘米，宽 18.6 厘米。框高 22.5 厘米，宽 17.1 厘米。半叶八行，行十四字，黑口，左右双边。钤"王定安印""鼎丞珍赏""宝宋阁""夷陵王氏宝宋阁收藏之印"等印。存十三册。湖北省图书馆藏。

国家珍贵古籍名录编号：12353。

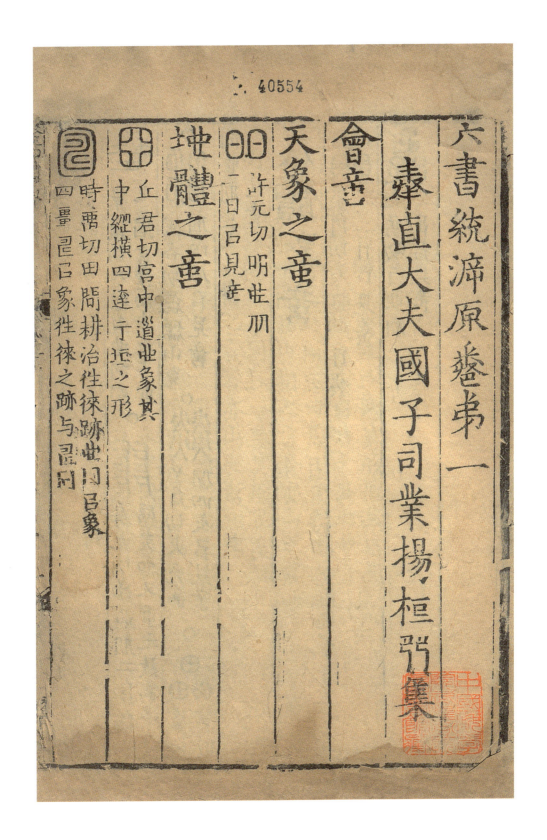

011. 六书统溯原十三卷 （元）杨恒撰　元至大元年（1308）江浙行省儒学刻元明递修本　存十一卷（一至七、十至十三）

开本高 27.1 厘米，宽 18.7 厘米。框高 23 厘米，宽 16.8 厘米。半叶八行，行字不等，黑口，左右双边。钤"忠孝乡曹氏藏书印"等印。存五册。湖北省图书馆藏。

国家珍贵古籍名录编号：12354。

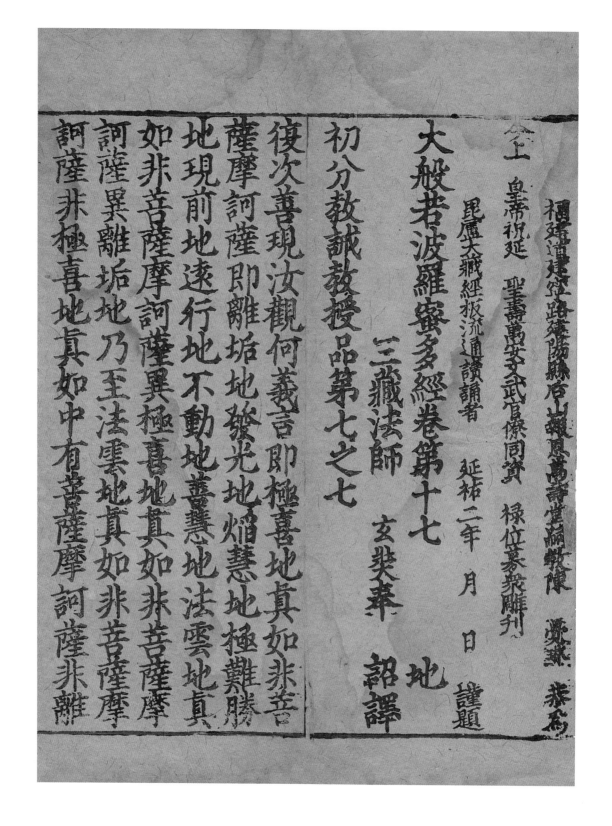

012. 大般若波罗蜜多经六百卷 （唐）释玄奘译 元延祐二年（1315）建阳后山报恩万寿堂刻毗卢大藏经本 存一卷（十七）

经折装。开本高30.5厘米，宽11.2厘米。框高24.9厘米。半叶六行，行十七字，上下单边。千字文编号"地"。湖北省图书馆藏。

国家珍贵古籍名录编号：02968。

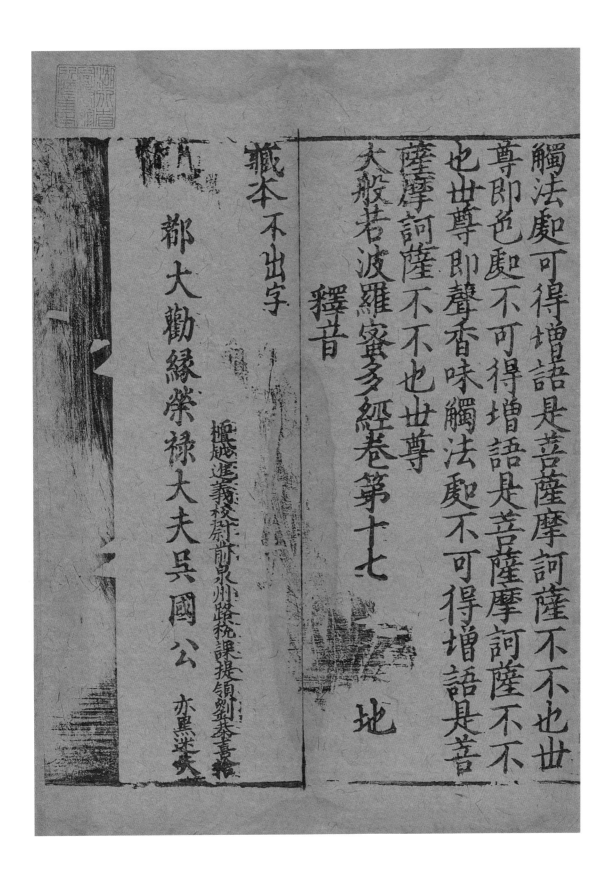

觸法處可得增語是菩薩摩訶薩不不也世
尊即色處不可得增語是菩薩摩訶薩不不
也世尊即聲香味觸法處不可得增語是菩
薩摩訶薩不不也世尊

大般若波羅蜜多經卷第十七

地

釋音

瓶本不出字

都大勸緣榮祿大夫吳國公 亦

權越進義校尉前泉州路稅課提領劉弘恭喜捨

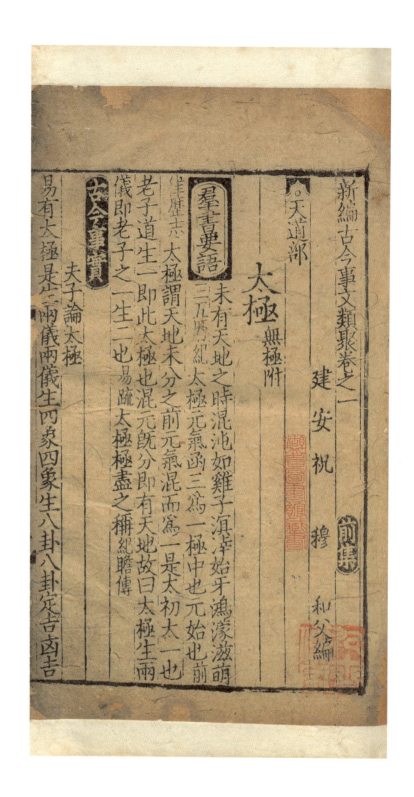

013. 新编古今事文类聚前集六十卷后集五十卷续集二十八卷别集三十二卷（宋）祝穆辑 新集三十六卷外集十五卷（元）富大用辑 元泰定三年（1326）庐陵武溪书院刻明修本

金镶玉装。开本高25.3厘米，宽15.5厘米。框高18厘米，宽12厘米。半叶十三行，行二十四字，小字双行同，黑口，左右双边。钤"九世儒家""怡府世宝""安乐堂藏书记""明善堂览书画印记""荃孙""云轮阁""艺风堂藏书"印。一百二十册。湖北省图书馆藏。

国家珍贵古籍名录编号：00803。

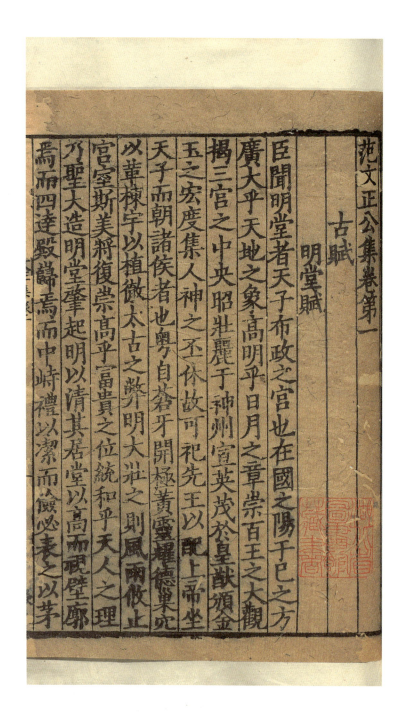

014. 范文正公集二十卷别集四卷政府奏议二卷尺牍三卷 （宋）范仲淹撰 遗文一卷 （宋）范纯仁 （宋）范纯粹撰 年谱一卷 （宋）楼钥撰 年谱补遗一卷祭文一卷诸贤赞颂论疏一卷论颂一卷诗颂一卷朝廷优崇一卷言行拾遗事录四卷鄱阳遗事录一卷遗迹一卷褒贤祠记二卷 元天历元年（1328）褒贤世家家塾岁寒堂刻明修本 存二十七卷（范文正公集二十卷、别集四卷、遗文一卷、年谱一卷、年谱补遗一卷）

金镶玉装。开本高28.8厘米，宽19.1厘米。框高22.2厘米，宽16.5厘米。半叶十二行，行二十字，小字双行同，白口，左右双边。钤"□□□□□十印斋收藏记""疏通知远""蕺书堂印""莫棠之印"印。存十二册。湖北省图书馆藏。

国家珍贵古籍名录编号：03120。

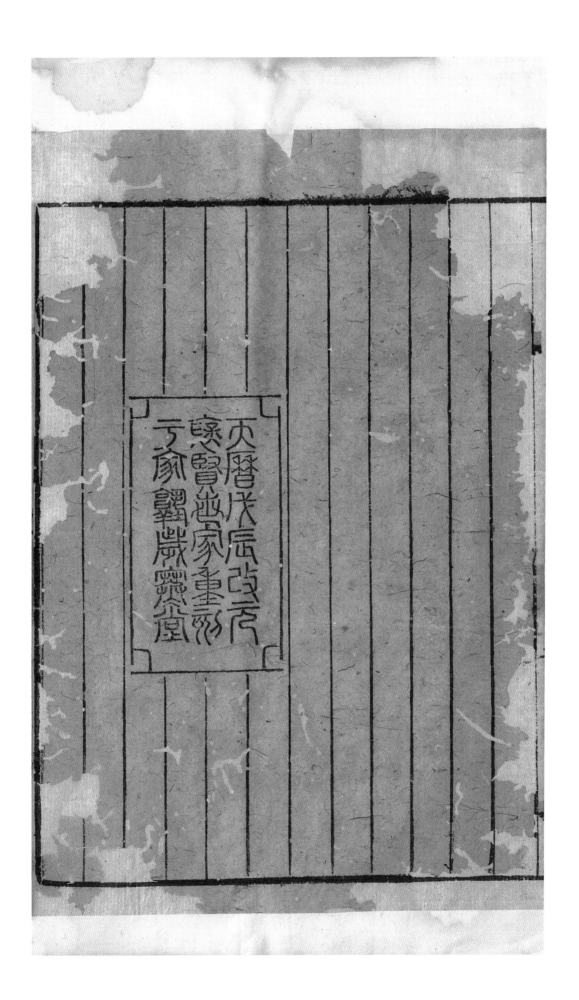

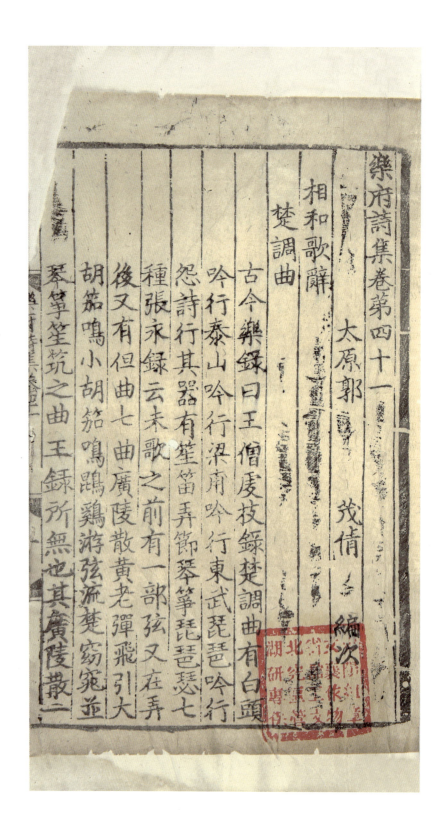

015. 乐府诗集一百卷目录二卷 （宋）郭茂倩辑　元至正元年（1341）集庆路儒学刻本　存二卷（四十一至四十二）

金镶玉装。开本高 26 厘米，宽 18.4 厘米。框高 22.7 厘米，宽 15.4 厘米。半叶十一行，行二十字，小字双行同，白口，左右双边。存一册。襄阳市图书馆藏。

国家珍贵古籍名录编号：03172。

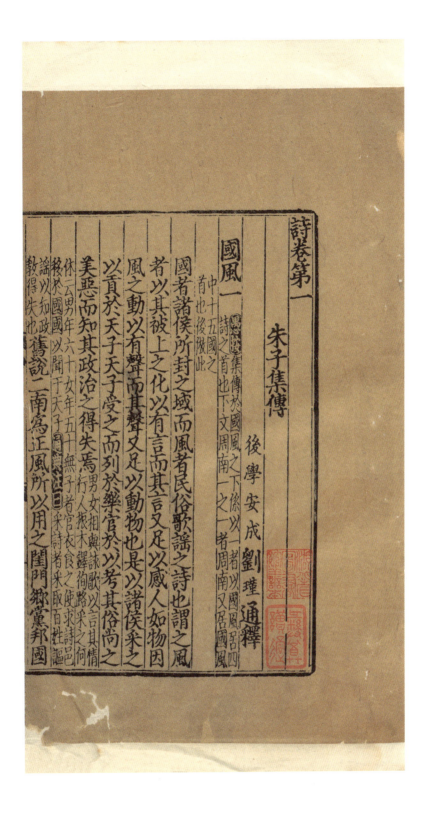

016. 诗集传通释二十卷纲领一卷外纲领一卷 （元）刘瑾撰　元至正十二年（1352）建安刘氏日新书堂刻本

金镶玉装。开本高 32 厘米，宽 20 厘米。框高 20.2 厘米，宽 13 厘米。半叶十二行，行二十一字，小字双行二十三字，黑口，四周双边。钤"商辂""隆庆庚申夏提学副使邵晒理书籍关防""钤山世家""彝尊读过""李茂先印"等印。十六册。湖北省图书馆藏。

国家珍贵古籍名录编号：00244。

一、宋元宝笈

021

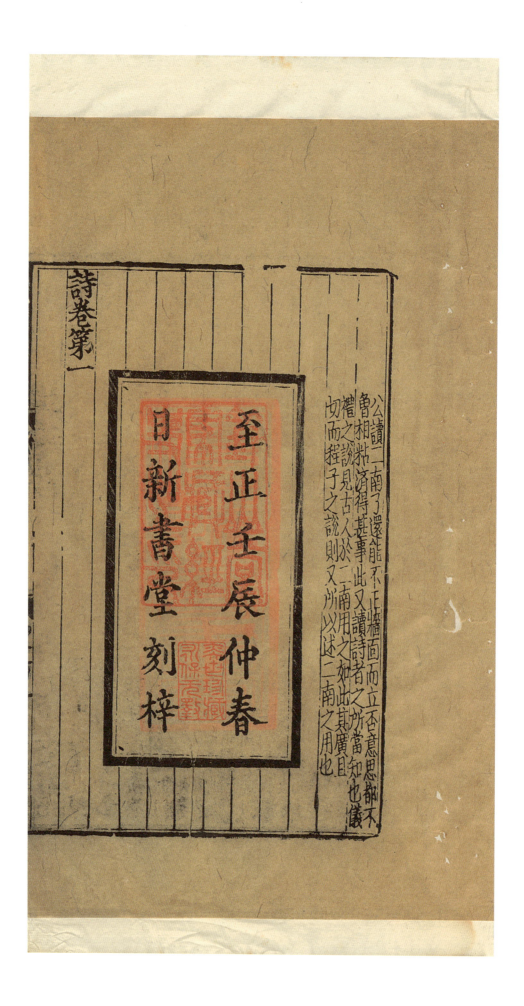

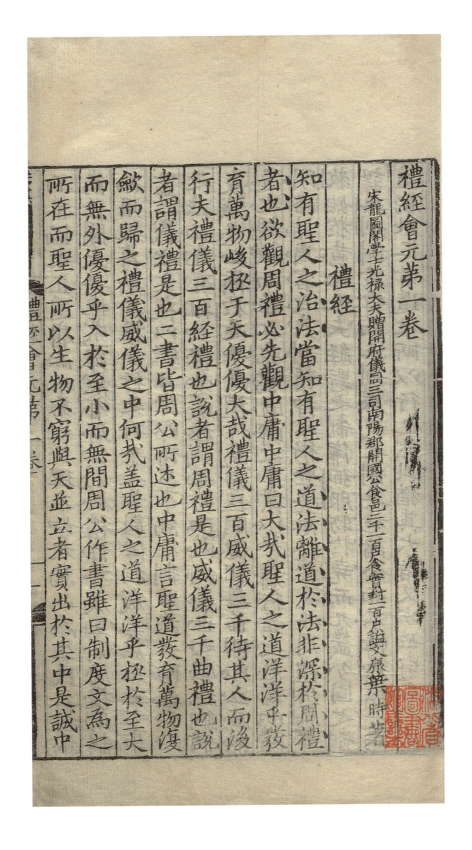

禮經會元第一卷

宋龍圖閣學士光禄大夫贈開府儀同三司南陽郡開國公食邑二千一百户食實封一百户諡文康葉時撰

禮經

知有聖人之治法當知有聖人之道法離道於法非深於周禮

者也欲觀周禮必先觀中庸中庸曰大哉聖人之道洋洋中發

育萬物峻極于天優優大哉禮儀三百威儀三千待其人而後

行夫禮儀三百經禮也説者謂周禮是也威儀三千曲禮也説

者謂儀禮是也二書皆周公所述也中庸言聖道發育萬物復

斂而歸之禮儀威儀之中何貳蓋聖人之道洋洋乎挺於至大

而無外優優乎入於至小而無間周公作書雖曰制度文為之

所在而聖人所以生物不窮與天並立者實出於其中是誠中

017. 礼经会元四卷 （宋）叶时撰　元至正二十六年（1366）刻明修本

开本高26.4厘米，宽16.3厘米。框高20.3厘米，宽14.6厘米。半叶十一行，行二十四字，黑口，左右双边。钤"李氏敦□堂藏书记"印。二册。湖北省图书馆藏。

国家珍贵古籍名录编号：00257。

二、明版珍椠

　　明代是书籍编纂刊印的鼎盛时期，刻书之地广布大江南北，刻书机构广遍官藩坊肆；印刷技术日新月异，活字、套版日渐风行；"饾版""拱花"等工艺不断创新。古籍数量之繁，工艺之巧，形制之多，远出前代。今存湖北各古籍收藏单位的明代典籍数量较多，历朝刻本皆具，套印多色粲然，抄本工整精良，皆是历史瑰宝。

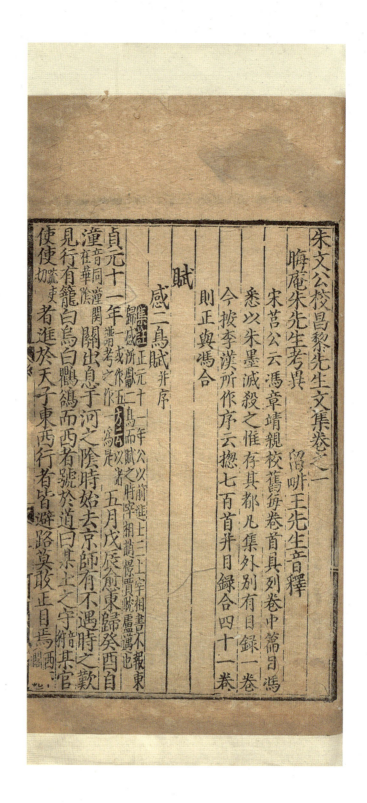

018. 朱文公校昌黎先生文集四十卷外集十卷遗文一卷遗诗一卷 （唐）韩愈撰 （宋）朱熹考异 （宋）王伯大音释 传一卷 明刻本

金镶玉装。开本高28.7厘米，宽15.9厘米。框高18.9厘米，宽12.7厘米。半叶十三行，行二十三字，小字双行同，黑口，四周双边。钤"丁少山""敬胜阁购藏宋版宋印""振大汉之天声""范熙壬印""黄陂范氏藏书""任卿过眼"印。十二册。湖北省图书馆藏。

国家珍贵古籍名录编号：12737。

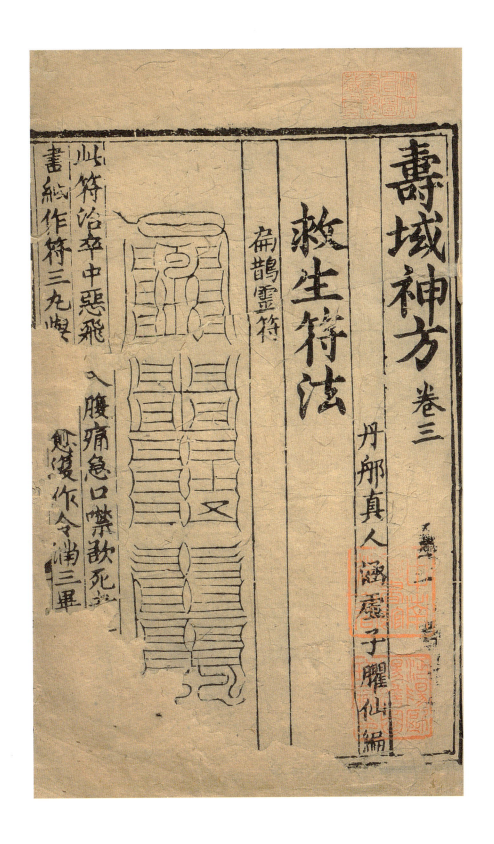

019. 寿域神方□□卷 （明）朱权撰 明初刻本 欧阳蟾园跋 存二卷（三至四）

开本高25厘米，宽16.1厘米。框高21厘米，宽14.6厘米。半叶十二行，行二十二字，黑口，四周双边。钤"沔阳欧阳蟾园珍藏印""欧阳蟾园""癸巳人"印。存两册。湖北省图书馆藏。

国家珍贵古籍名录编号：04588。

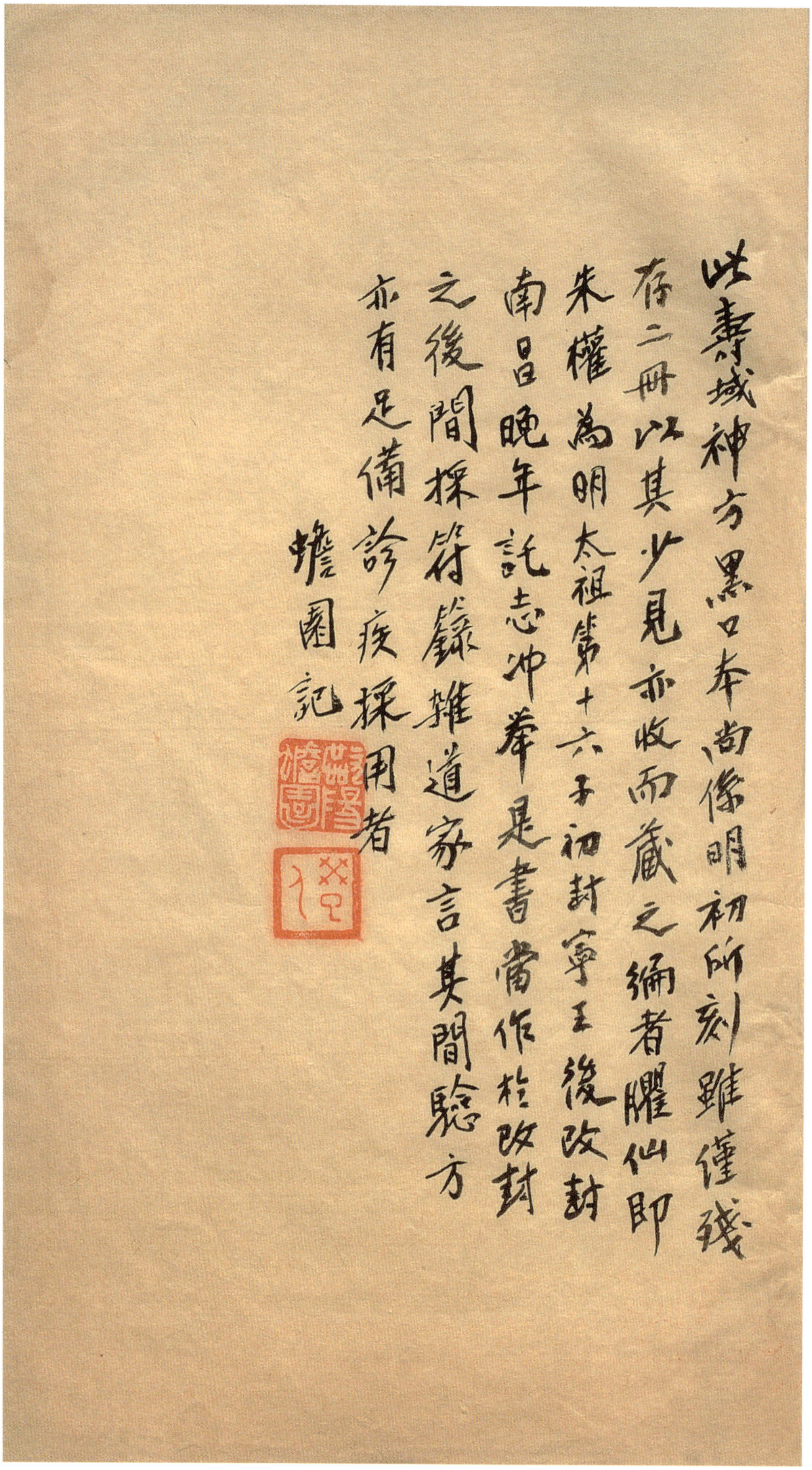
此壽域神方黑口本尚係明初所刻雖僅殘存二冊以其少見亦收而藏之編者臞仙即朱權為明太祖第十六子初封寧王後改封南昌晚年託志冲舉是書當作於改封之後間採符籙雜道家言其間驗方亦有足備診疾採用者

蟾園記

欧阳蟾园跋

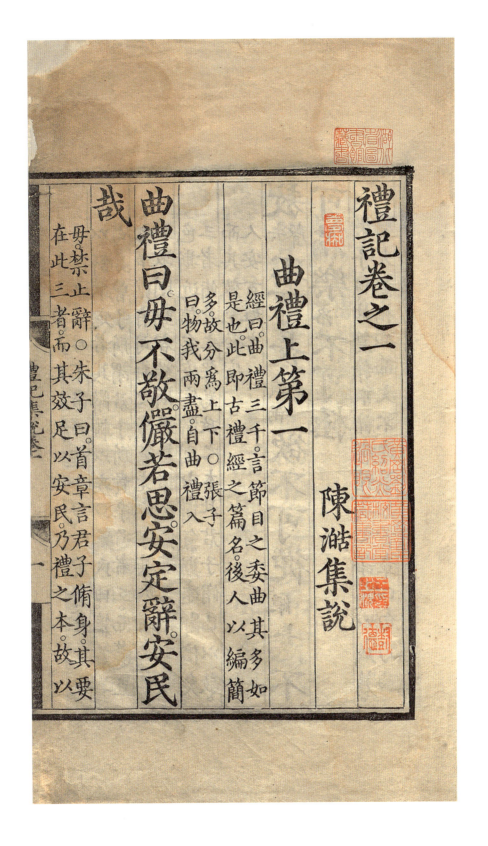

020. **礼记集说十六卷** （元）陈澔撰　明正统十二年（1447）司礼监刻本

开本高32.2厘米，宽20.7厘米。框高23厘米，宽16.5厘米。半叶八行，行十四字，小字双行十八字，黑口，四周双边。钤"王之梅印""树德""梦痴""黄冈刘氏绍炎过眼""黄冈刘氏校书堂藏书记"印。八册。湖北省图书馆藏。

国家珍贵古籍名录编号：12447。

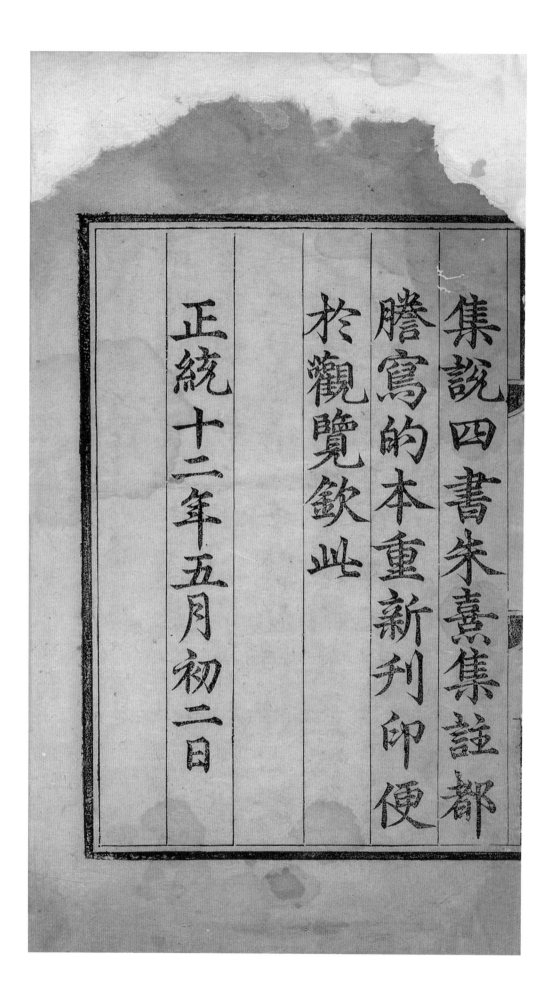

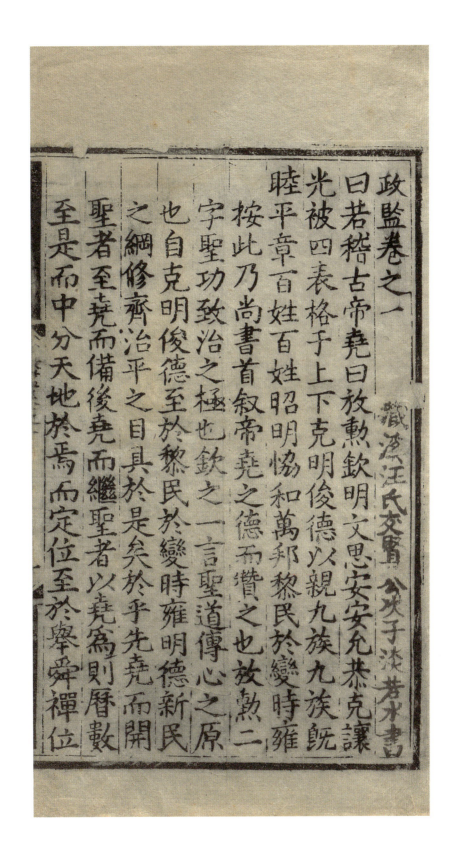

021. 政监三十二卷 （明）夏寅撰 明成化刻本

开本高27厘米，宽16.2厘米。框高21.6厘米，宽14厘米。半叶十行，行十九字，黑口，四周双边。八册。湖北省图书馆藏。

国家珍贵古籍名录编号：04381。

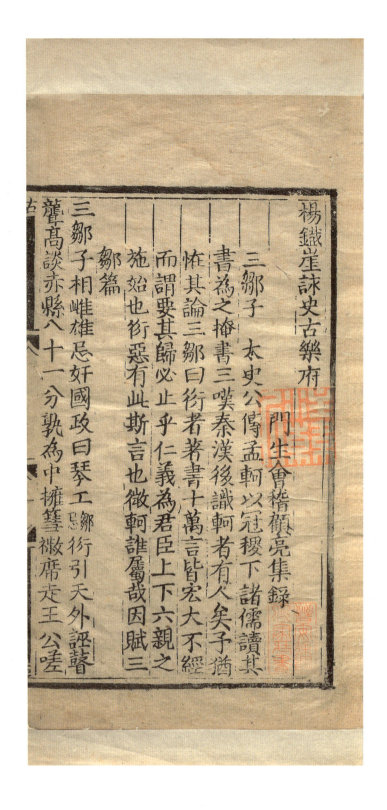

022. 杨铁崖咏史古乐府一卷 （元）杨维桢撰 （明）顾亮辑 明成化刻本

金镶玉装。开本高35.6厘米，宽17.6厘米。框高21厘米，宽13.5厘米。半叶十行，行二十字，小字双行同，黑口，四周双边。钤"徐爌之印""晋安徐兴公家藏书""绿玉山房""郑杰之印""郑氏注韩居珍藏记""注韩居""侯官郑氏藏书""黄冈刘氏校书堂藏书记"印。二册。湖北省图书馆藏。

国家珍贵古籍名录编号：05784。

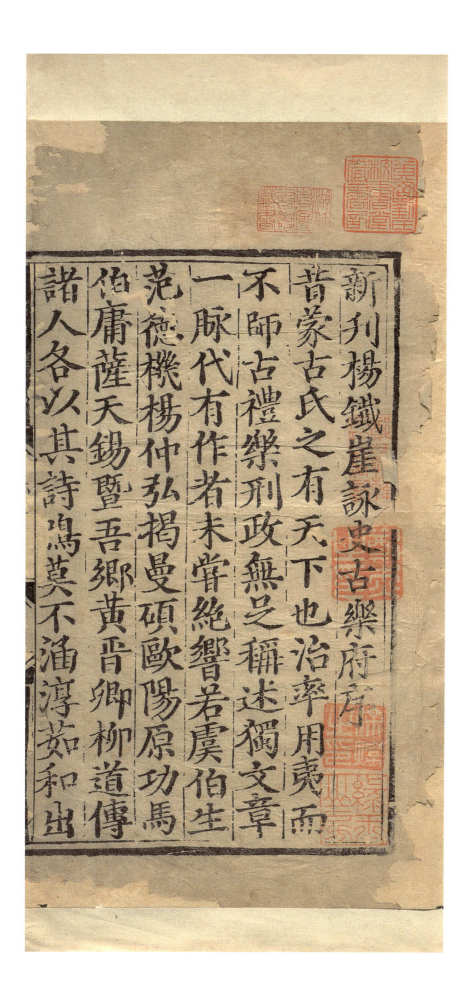

新刊楊鐵崖詠史古樂府序

昔蒙古氏之有天下也治率用夷而
不師古禮樂刑政無足稱述獨文章
一脈代有作者未嘗絕響若虞伯生
范德機楊仲弘揭曼碩歐陽原功馬
伯庸薩天錫暨吾鄉黃晉卿柳道傳
諸人各以其詩鳴莫不涵淳茹和出

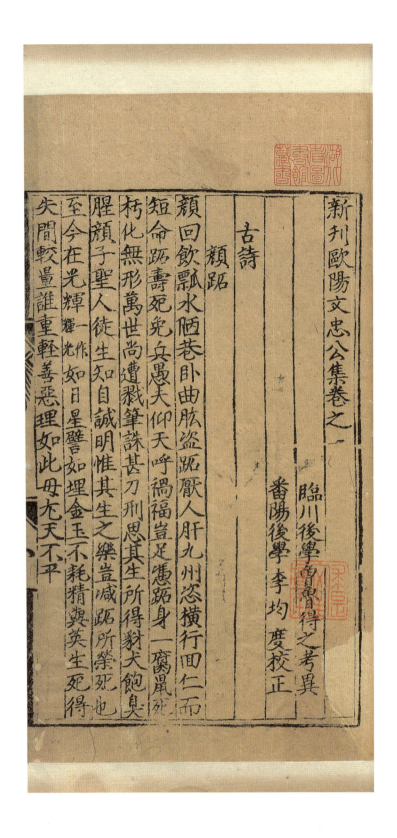

023. 新刊欧阳文忠公集五十卷 （宋）欧阳修撰 （明）曾鲁考异 明刻本

全镶玉装。开本高27.8厘米，宽16厘米。框高19.8厘米，宽12.7厘米。半叶十一行，行二十三字，小字双行同，黑口，四周双边。铃"求是室藏本""番湖郑氏""黄冈刘氏校书堂藏书记""黄冈刘氏绍炎过眼"印。十二册。湖北省图书馆藏。

国家珍贵古籍名录编号：08844。

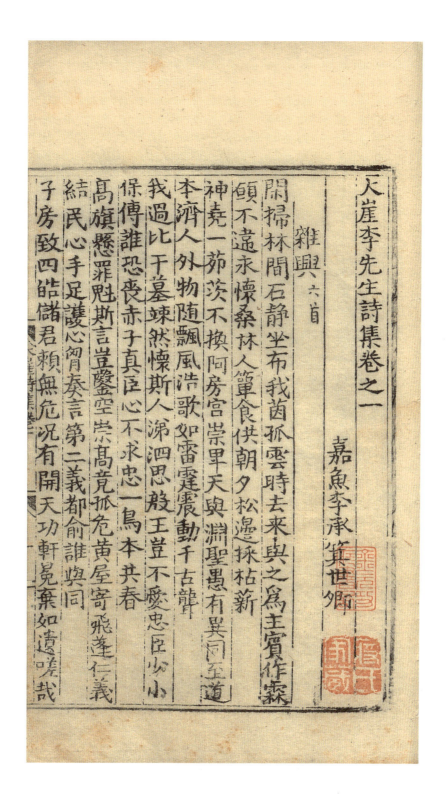

024. 大崖李先生诗集十二卷文集八卷 （明）李承箕撰　明正德五年（1510）
吴廷举刻本

开本高25.4厘米，宽16.8厘米。框高19.2厘米，宽13.3厘米。半叶十二行，行二十二字，
白口，四周双边。钤"蒋氏家藏""金元功藏书记""湘乡王氏秘籍孤本""礼培私印""扫
尘斋积书记""小招隐馆""徐恕读过"等印。八册。湖北省图书馆藏。

国家珍贵古籍名录编号：05941。

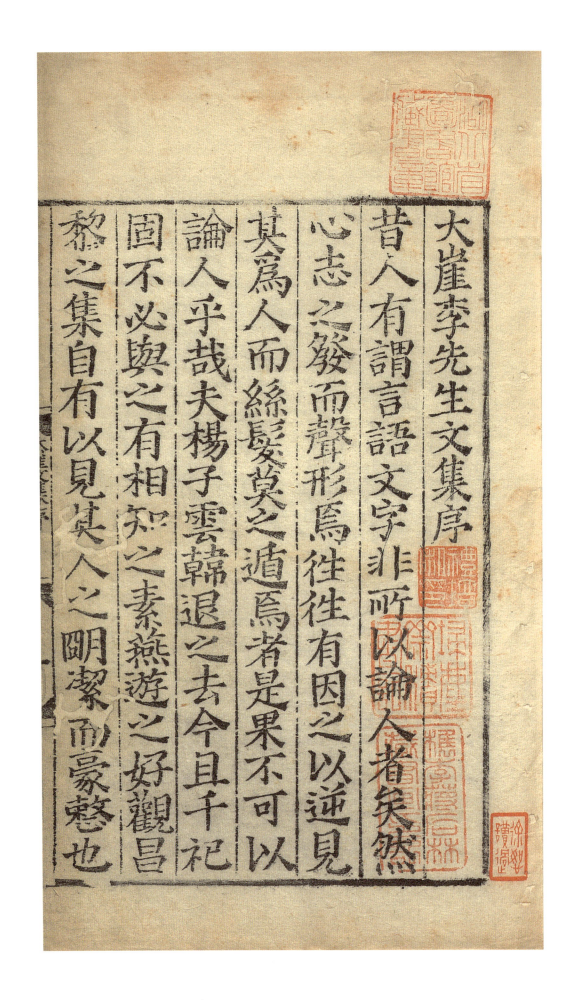

大崖李先生文集序

昔人有謂言語文字非所以論人者矣然

心志之發而聲形焉往往有因之以逆見

其為人而絲髮莫之遁焉者是果不可以

論人乎哉夫楊子雲韓退之去今且千祀

固不必與之有相知之素燕遊之好觀昌

黎之集自有以見其人之明潔而豪懃也

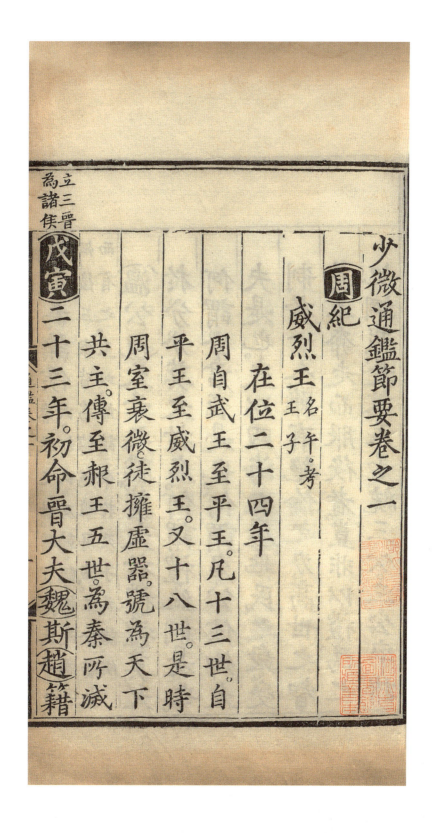

025. 少微通鉴节要五十卷外纪四卷 （宋）江贽撰 明正德九年（1514）司礼监刻本

开本高29.8厘米，宽18.1厘米。框高22.5厘米，宽15.2厘米。半叶九行，行十五字，小字双行同，黑口，四周双边。钤"广运之宝""于氏藏书"印。二十四册。湖北省图书馆藏。

国家珍贵古籍名录编号：12496。

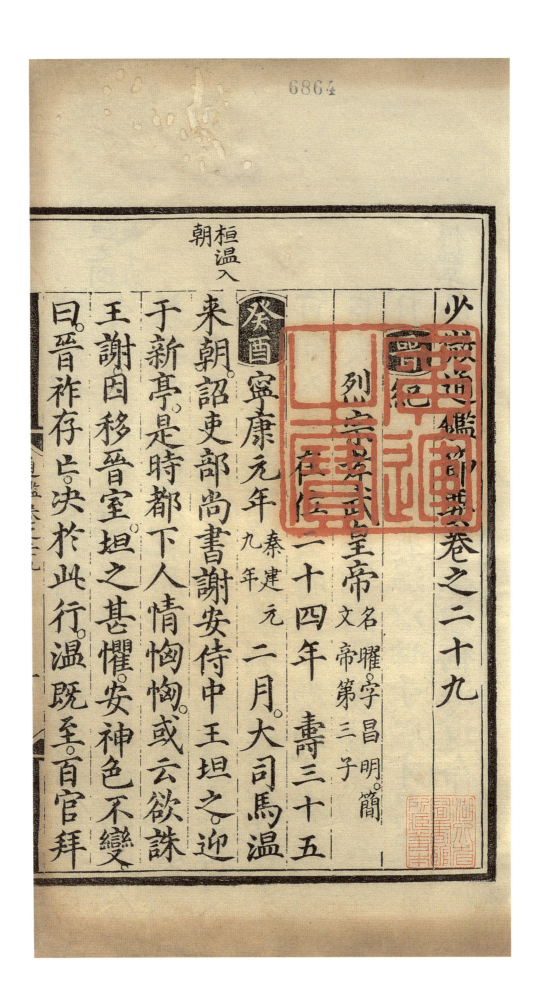

少微通鑑節要卷之二十九

晉紀

烈宗孝武皇帝　名曜，字昌明，簡文帝第三子。在位二十四年，壽三十五。

癸酉

寧康元年　秦建元九年

二月，大司馬溫來朝。詔吏部尚書謝安侍中王坦之迎于新亭。是時都下人情恟恟，或云欲誅王謝，因移晉室。坦之甚懼。安神色不變，曰：晉祚存亡，決於此行。溫既至，百官拜

桓溫入
朝

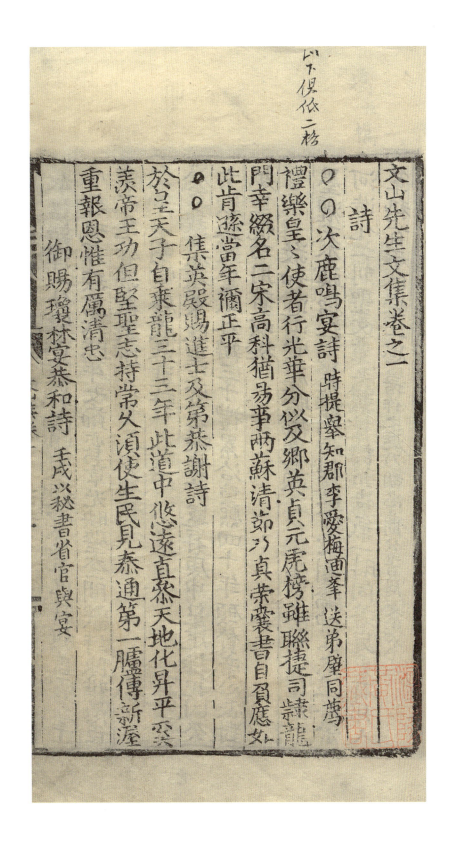

026. 文山先生文集十七卷指南文集三卷别集一卷文山先生遗墨一卷

（宋）文天祥撰　明正德九年（1514）张祥刻本〔四库底本〕

　　开本高 26 厘米，宽 16.3 厘米。框高 20.3 厘米，宽 13.8 厘米。半叶十一行，行二十四字，黑口，四周单边。钤"温陵黄氏藏书"印。六册。武汉大学图书馆藏。

　　国家珍贵古籍名录编号：05727。

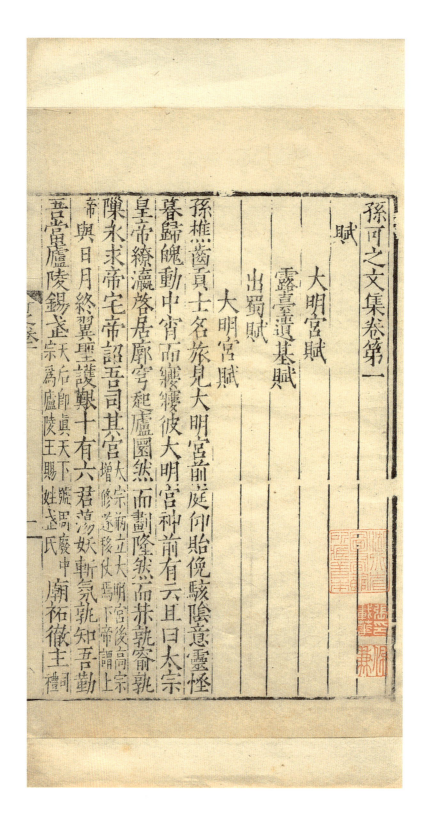

027. 孙可之文集十卷　（唐）孙樵撰　明正德十二年（1517）王鏊、王谔刻本

金镶玉装。开本高28.5厘米，宽17.8厘米。框高19.1厘米，宽14.5厘米。半叶十二行，行二十一字，小字双行同，白口，左右双边。钤"张载华印""古盐张氏""佩兼""芝斋图籍""松下藏书"印。一册。湖北省图书馆藏。

国家珍贵古籍名录编号：05443。

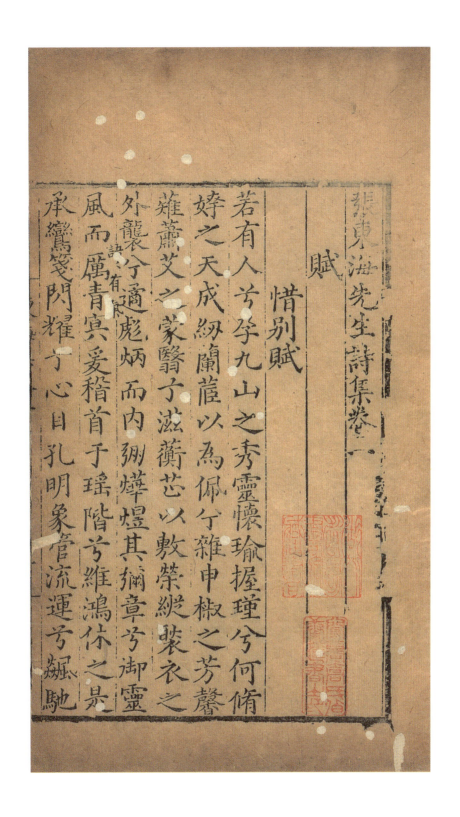

028. 张东海先生诗集四卷文集五卷 （明）张弼撰　明正德十三年（1518）张弘至刻本

开本高 25.2 厘米，宽 15.8 厘米。框高 18.7 厘米，宽 13 厘米。半叶九行，行十七字，小字双行同，白口间黑口，左右双边。钤"闻喜乔氏伯庸藏书之印"印。十册。湖北省图书馆藏。

国家珍贵古籍名录编号：12804。

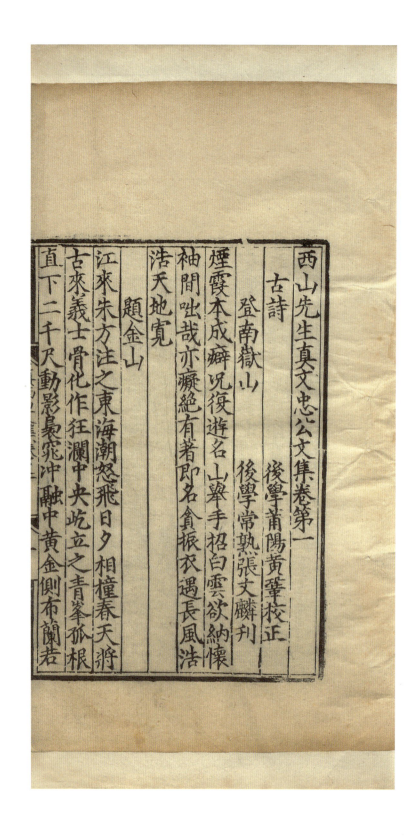

029. 西山先生真文忠公文集五十五卷目录二卷 （宋）真德秀撰　明正德
十五年（1520）张文麟、黄巩刻本

　　金镶玉装。开本高30.5厘米，宽18.9厘米。框高18.1厘米，宽12.7厘米。半叶十行，
行十八字，小字双行同，黑口，四周双边。二十册。湖北省图书馆藏。
　　国家珍贵古籍名录编号：10660。

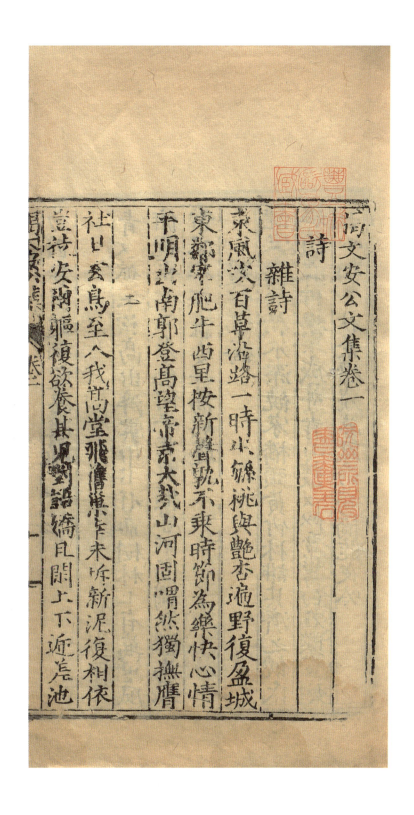

030. **揭文安公文集□□卷** （元）揭傒斯撰　明正德十五年（1520）揭富文刻本　存四卷（诗一至四）

开本高 27.3 厘米，宽 15.6 厘米。框高 19.6 厘米，宽 13.3 厘米。半叶九行，行二十字，小字双行同，白口，四周双边。钤"阮斋所得书画金石""丰城欧阳氏藏书""春霆印信"印。存两册。湖北省图书馆藏。

国家珍贵古籍名录编号：08987。

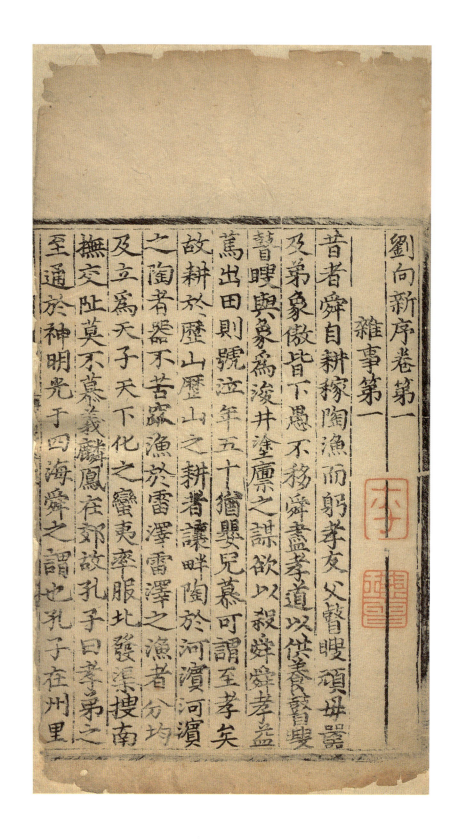

031. 刘向新序十卷 （汉）刘向撰　明刻本

开本高28.4厘米，宽17.2厘米。框高20.4厘米，宽15.5厘米。半叶十一行，行十八字，黑口，四周双边。钤"李璨曾印""于陵李氏""宝古堂""王青岩藏书""黄冈刘氏绍炎过眼"等印。二册。湖北省图书馆藏。

国家珍贵古籍名录编号：08232。

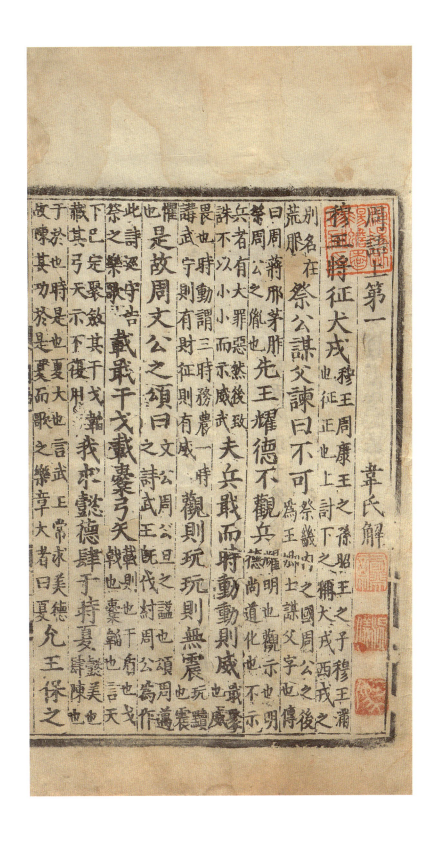

032. 国语二十一卷　（三国吴）韦昭注　**补音三卷**　（宋）宋庠撰　明刻本

开本高 30.7 厘米，宽 19.1 厘米。框高 22.7 厘米，宽 15.5 厘米。半叶十行，行二十字，小字双行同，黑口，四周双边。钤"温仪""纪堂""有斐斋""沔阳欧阳蟾园珍藏印"等印。四册。湖北省图书馆藏。

国家珍贵古籍名录编号：03795。

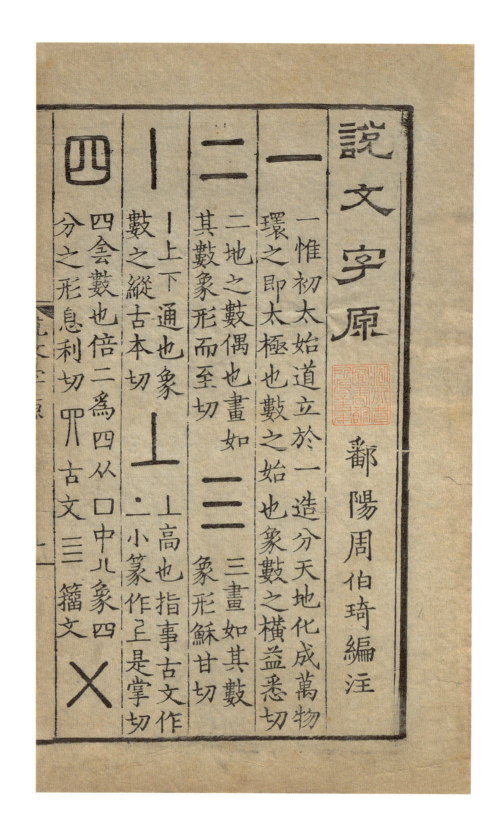

033. 说文字原一卷 （元）周伯琦撰 明嘉靖元年（1522）于鏊刻本

开本高29.8厘米，宽18厘米。框高25.2厘米，宽15.5厘米。半叶五行，行字不等，小字双行二十字，黑口，左右双边。钤"潘""留余堂图书记""邻园藏书""延陵""留鸿爪斋图书""淡宜轩""静学斋""江元之印""柯逢时印"等印。一册。湖北省图书馆藏。

国家珍贵古籍名录编号：07447。

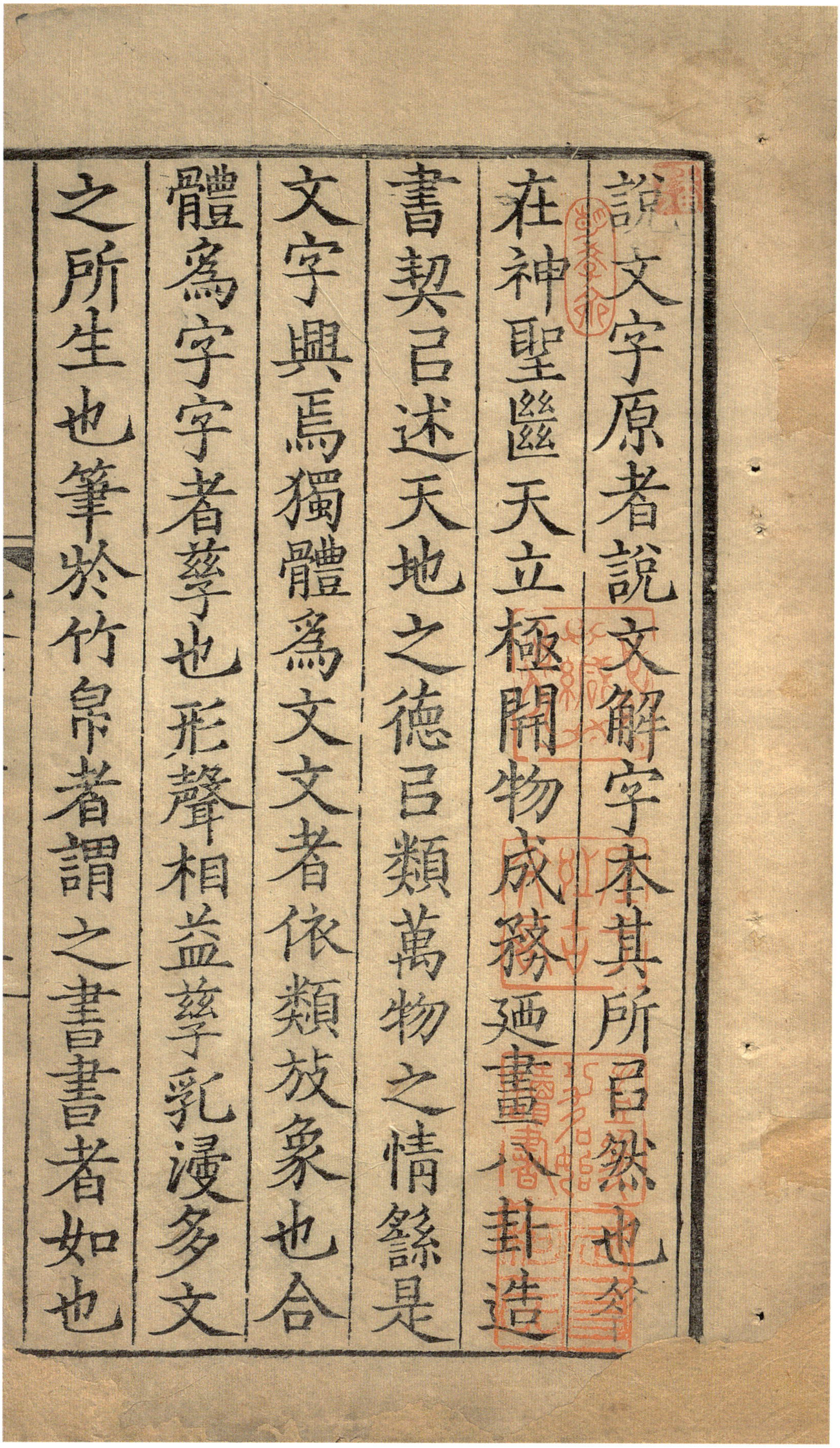

說文字原者說文解字本其所吕然也叁

在神聖區天立極開物成務延畫傅卦造

書契吕述天地之德吕類萬物之情繇是

文字與焉獨體爲文文者依類放象也合

體爲字字者孳也形聲相益孳乳浸多文

之所生也筆於竹帛者謂之書書者如也

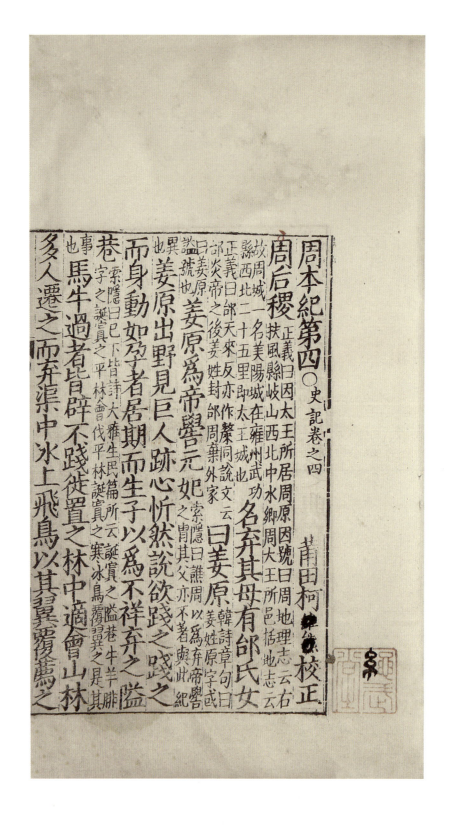

034. 史记一百三十卷 （汉）司马迁撰 （南朝宋）裴骃集解 （唐）司马贞索隐 （唐）张守节正义 明嘉靖四年（1525）汪谅刻本 存三十卷（四十一至七十）

开本高31.4厘米，宽20.2厘米。框高20.4厘米，宽13.1厘米。半叶十行，行十八字，小字双行二十三字，白口，左右双边。钤"绳武堂"印。存二十四册。襄阳市图书馆藏。

国家珍贵古籍名录编号：03481。

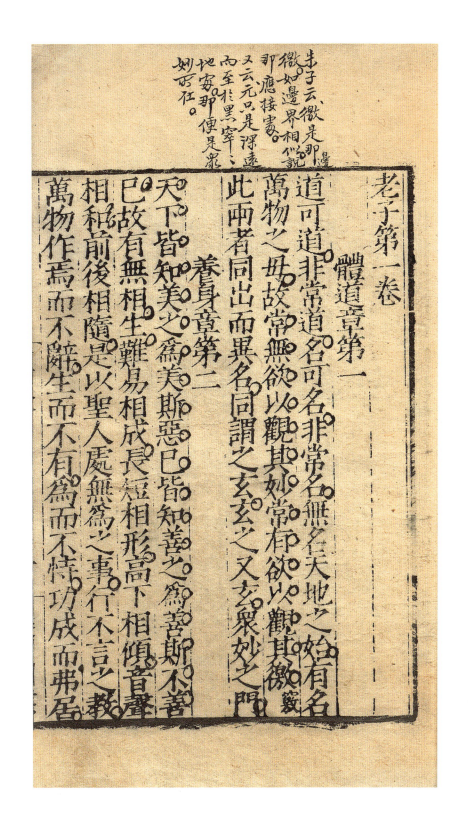

035. 六子书六十二卷 （明）许宗鲁编 明嘉靖六年（1527）樊川别业刻本 清翁方纲批 王荣官跋

开本高 24.7 厘米，宽 17.6 厘米。框高 18.3 厘米，宽 13.1 厘米。半叶十行，行二十字，白口，左右双边。钤"覃溪""王荣官印""砚芬"等印。十二册。湖北省图书馆藏。

国家珍贵古籍名录编号：04394。

六子本明刻本嘉靖庚寅顾氏雕为最近

谓世德堂本坐也樊川雕本徽遨参苏无意

得之厰肆归寓缮阅穜穜碻知其为覃溪翁氏

斋库中物首卷经横批详笃氏少作也辛亥三月

倪蕚自记於宣南旅寓宣统纪元之三年也

浒师 诲存 受业荣拜上

宣南聚首两年垂三日不侍谭燕师不以为不肖凡元同之旨性命之原

启巷无遗莫逆之谕不肖尝敢吾师则大幸然两世无俾知者即善

师忘石愿人知乃深有望拾石肖匆则石肖之义致勉为何如那苏有江右

之游不肖何能无言少一思索览拾吾师羔儒道之大俱每挂编六子之谓其

庶或乎藉苏以誌嚮往博吾师一笑也荣再跋

王荣官跋

艺文类聚卷第一

天部上 天 日 月 星 雲 風

唐太子率更令弘文館學士歐陽詢撰

天

周易曰大哉乾元萬物資始乃統天雲行雨施品物流形大明終始六位時成時乘六龍以御天乾道變化各正性命又曰立天之道曰陰與陽

尚書曰乃命羲和欽若昊天又曰皇天震怒命我文考

禮記曰天地之道博也厚也高也明也悠久也日月星辰繫焉萬物覆焉

論語曰天何言哉四時行焉百物生焉

老子曰天得一以清

春秋繁露曰天有十端天地陰陽水土金木火人凡十端天亦喜怒之氣哀樂之心與人相副以類合之天人一也

春秋元命苞曰天不足西北陽極於九故天周九九八十一萬里

爾雅曰穹蒼蒼天也春為蒼天夏為昊天秋為旻天冬為上天渾天儀曰天如雞子天大地小

天表裏有水地各乘氣而立載水而浮天轉如車轂之運黃帝素問曰

036. 艺文类聚一百卷 （唐）欧阳询辑 明嘉靖六至七年（1527—1528）胡缵宗、陆采刻本 徐恕录清冯舒校跋及清钱孙保、陈征芝、周星诒跋，徐孝定录沙元炳跋
开本高27.9厘米，宽19厘米。框高22.6厘米，宽16.1厘米。半叶十四行，行二十八字，白口，左右双边。钤"彊邨所得善本""徐恕读过"等印。十六册。湖北省图书馆藏。
国家珍贵古籍名录编号：12701。

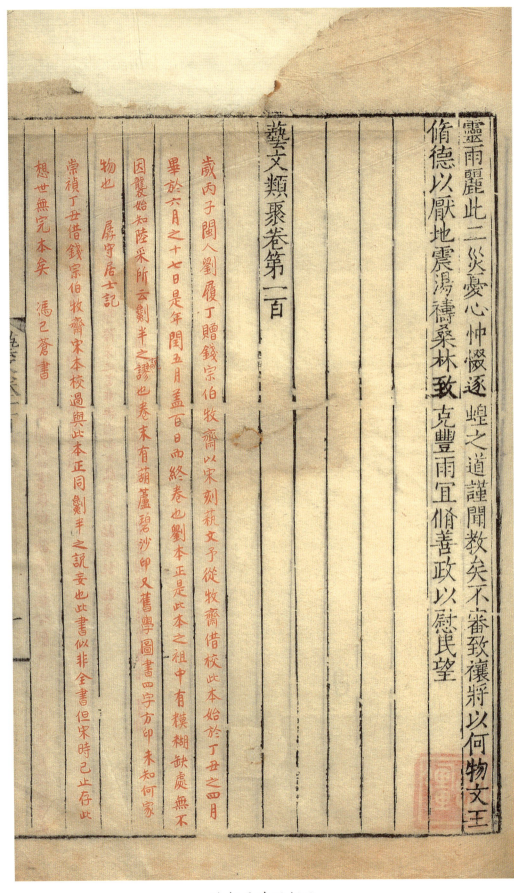

靈雨麗此二災憂心忡惙逐蝗之道謹聞教矣不審致禳將以何物文王

脩德以厭地震湯禱桑林致克豐雨宜俻善政以慰民望

藝文類聚卷第一百

歲丙子閩人劉履丁贈錢宗伯牧齋以宋刻藏文予從牧齋借校此本始於丁丑之四月

畢於六月之十七日是年閏五月盖百日而終卷也劉本正是此本之祖中有模糊缺處無不

因龔裝始知陸采所云劉半之謬也卷末有葫蘆碧沙印又舊學圖書四字方印未知何家

物也　扆守居士記

崇禎丁丑借錢宗伯牧齋宋本校過與此本正同劉半之說妄也此書似非全書但宋時已止存此

想世無完本矣　馮己蒼書

徐恕录清冯舒跋

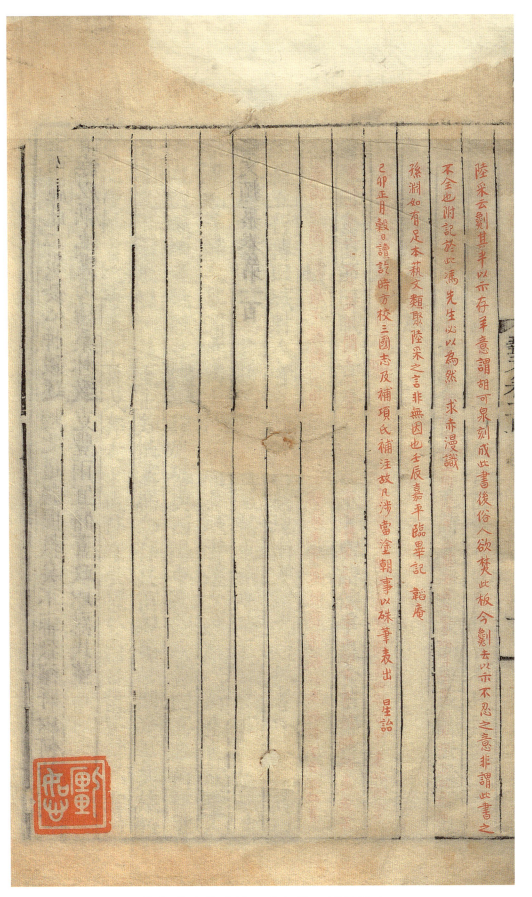

陸采云劉其半以示存羊意謂胡可泉刻成此書後俗人欲燬此板今劉去以示不忍之意非謂此書之

不全也附記於此馮先生必以為然　求赤漫識

孫淵如有足本藝文類聚陸采之言非無因也壬辰嘉平臨畢記　韜庵

己卯正月穀日讀訖時方校三國志及補項氏補注故凡涉當塗朝事以硃筆表出　星詒

徐恕录清钱孙保、陈征芝、周星诒跋

二、明版珍椠

053

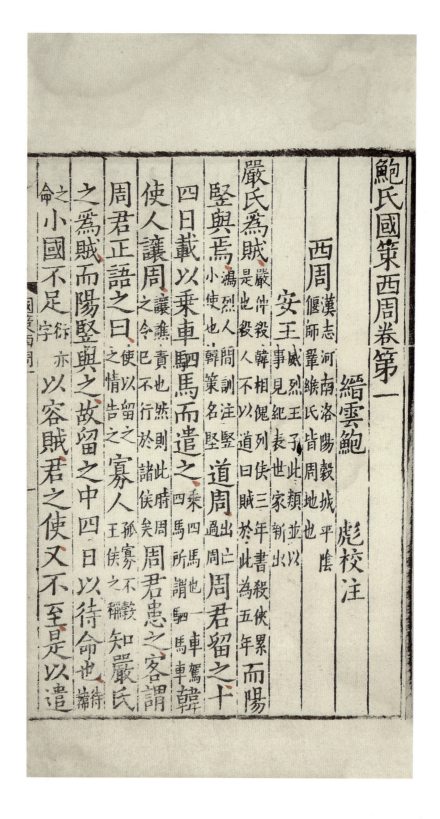

037. 鲍氏国策十卷 （宋）鲍彪校注 明嘉靖七年（1528）龚雷影宋刻本 存九卷（一至六、八至十）

开本高28.1厘米，宽17.6厘米。框高21.2厘米，宽15.1厘米。半叶十一行，行二十字，小字双行同，白口，左右双边。存九册。襄阳市图书馆藏。

国家珍贵古籍名录编号：03815。

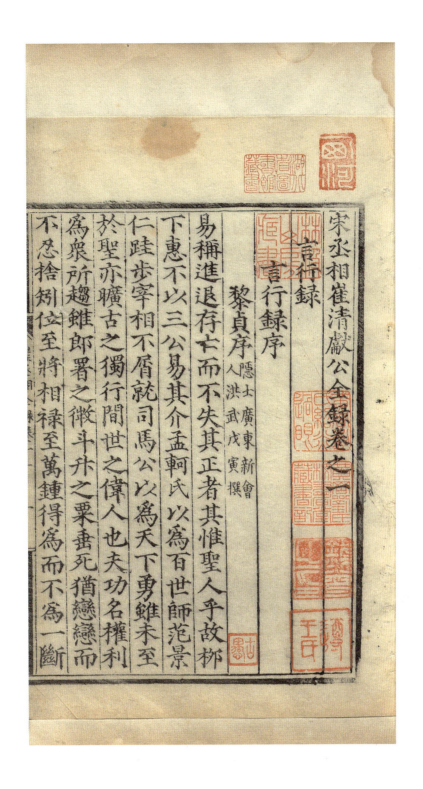

038. **宋丞相崔清献公全录十卷** （宋）崔与之撰 （明）崔子璲辑 （明）崔晓
增辑 明嘉靖十三年（1534）唐胄、邵炼刻本

　　金镶玉装。开本高28.4厘米，宽18.3厘米。框高19.3厘米，宽13.9厘米。半叶十行，
行十九字，小字双行同，黑口，四周双边。钤"遵王氏"（疑伪）、"钱曾之印"（疑伪）、"林
汲山房藏书"、"仲氏"、"古愚"、"西河"、"藉书园本"、"黄冈刘氏校书堂藏书记"等印。
六册。湖北省图书馆藏。

　　国家珍贵古籍名录编号：03964。

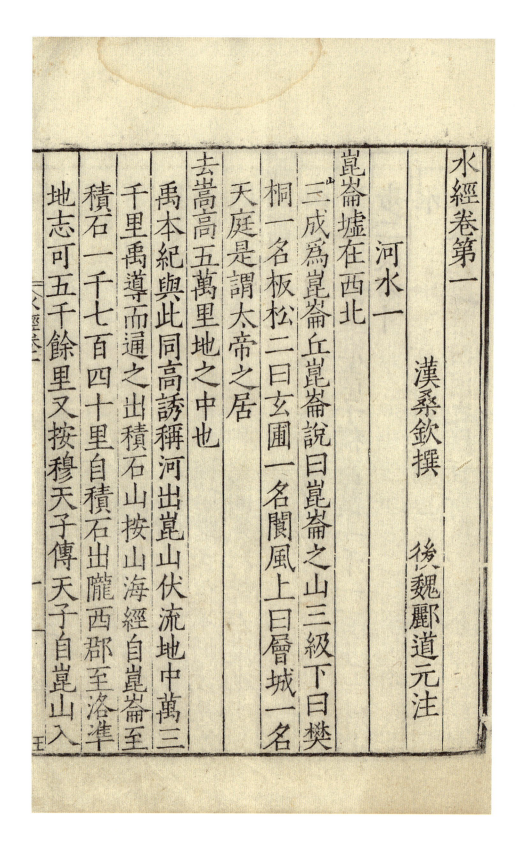

水經卷第一

漢桑欽撰　後魏酈道元注

河水一

崑崙墟在西北

三成爲崑崙丘崑崙說曰崑崙之山三級下曰樊

桐一名板松二曰玄圃一名閬風上曰層城一名

天庭是謂太帝之居

去嵩高五萬里地之中也

禹本紀與此同高誘稱河出崑山伏流地中萬三

千里禹導而通之出積石山按山海經自崑崙至

積石一千七百四十里自積石出隴西郡至洛凖

地志可五千餘里又按穆天子傳天子自崑山入

039. 水经注四十卷 （北魏）郦道元撰　明嘉靖十三年（1534）黄省曾刻本

开本高 26.3 厘米，宽 18.6 厘米。框高 20.6 厘米，宽 16.2 厘米。半叶十二行，行二十字，白口，左右双边。钤"曹溶之印""南塘皋言""龚铨印"等印。十二册。襄阳市图书馆藏。

国家珍贵古籍名录编号：04199。

刻水經序

吳郡黃省曾撰

敘曰水之為德大矣哉道生天一職統材五發始西
極產母隅也折赴東墟趨子方也濈涌昭化之物
質流瀾符於穆之神用厚氣肇之升盛露甫屯之感
澤象曜資之光朗玄黃本之浮載穹灝倚少配窓雲
漢會之紀戒圖書託之興瑞祗軸寄之融絡是以寓
目者嘆其渾逝臨淵者頌其靈長且兆類非此無以
肧阜萬里非此無以準平體饔非此無以烹繕而育
年壤壚非此無以灌溉而穀法其形勢而樹都廟
因其隔限而分州域軸轤與而窮迤互遍堤鑿成而
埲瘠咸利鍾匯之區則珠玉以登枯絕之野則林窒

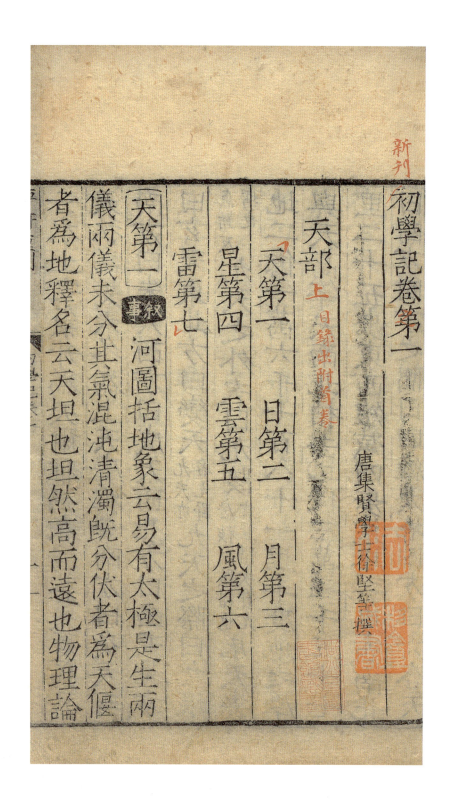

040. 初学记三十卷 （唐）徐坚等辑　明嘉靖十三年（1534）晋府虚益堂刻本　刘家立校跋并录清严可均、许旦复校跋

开本高 28 厘米，宽 17.7 厘米。框高 21 厘米，宽 16.3 厘米。半叶九行，行十八字，小字双行二十四字，黑口，左右双边。钤"北平刘氏""栘庵藏书"等印。十二册。湖北省图书馆藏。

国家珍贵古籍名录编号：04864。

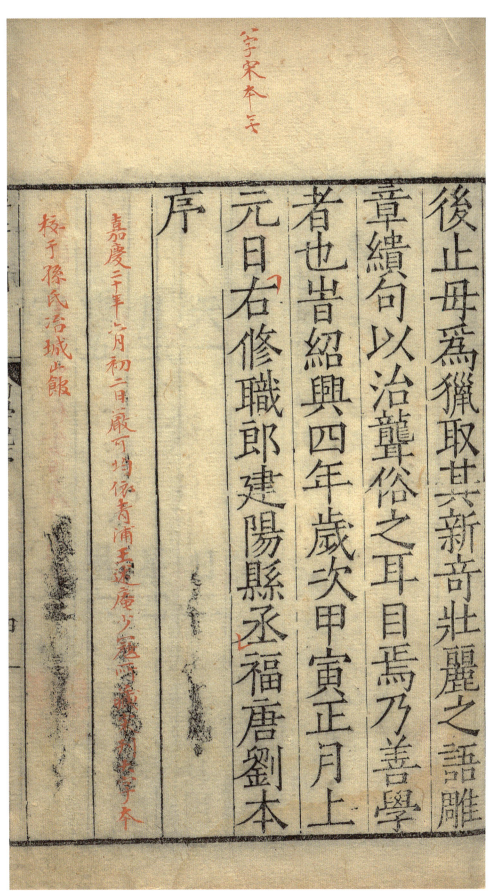

后止毋为猎取甘英新奇壮丽之语雕
章续句以治聋俗之耳目焉乃善学
者也尝绍兴四年岁次甲寅正月上
元日右修职郎建阳县丞福唐刘本

序

校于孙氏活城山馆

嘉庆二十年六月初二日严可均依青浦王述庵少题四库馆所刊大字本

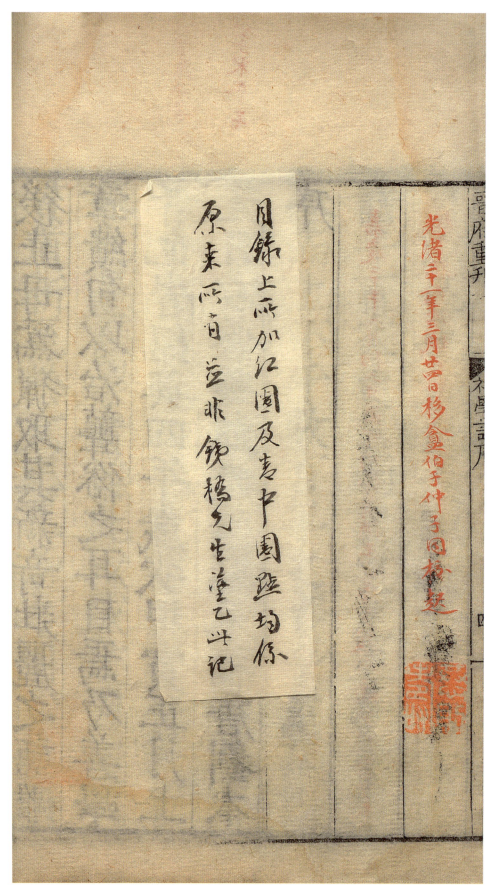

刘家立跋

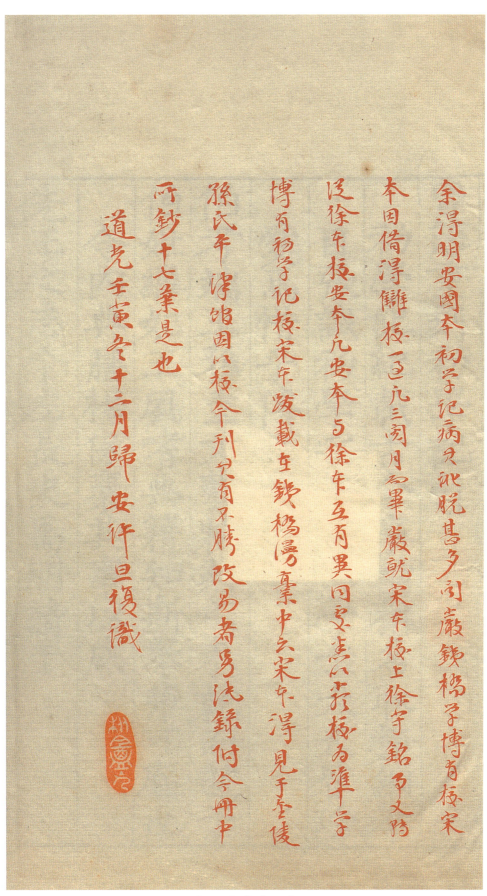

余得明安國本初學記病及池脫甚多訂嚴鈔槁字博旨極宋

本因借得鬮枝一色元三闕月而畢嚴鈔宋本極上徐字銘囗文防

泛徐本枝安本凡安本與徐本互有異同要憑此枝為淮學

博有初學記枝宋本跋載在鈔槁陽棄中久宋本得見于金陵

孫氏平淨館因以枝今刊囗有不勝改易為多沈錄附今冊中

所鈔十七葉是也

道光壬寅冬十二月歸安許旦復識

刘家立录清许旦复跋

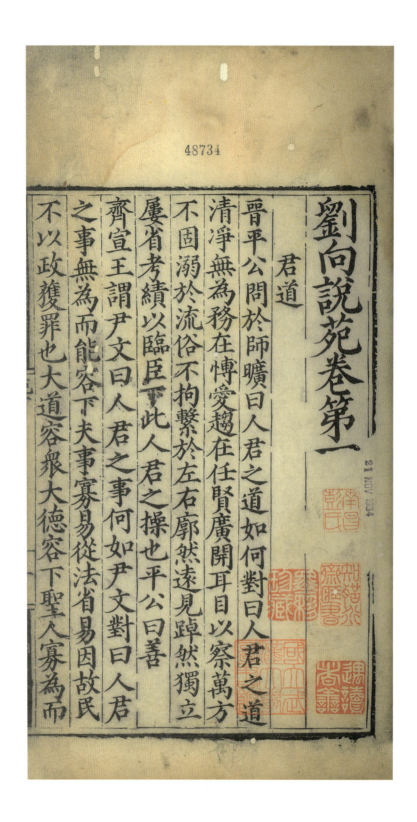

041. **刘氏二书三十卷** （汉）刘向撰　明嘉靖十四年（1535）楚藩崇本书院刻本　存二十卷（刘向说苑全）

开本高33.1厘米，宽21厘米。框高25.1厘米，宽16.8厘米。半叶九行，行十九字，黑口，四周双边。钤"遇者善读""知圣道斋藏书""墨籍珍藏""南昌彭氏"等印。存八册。武汉大学图书馆藏。

国家珍贵古籍名录编号：08227。

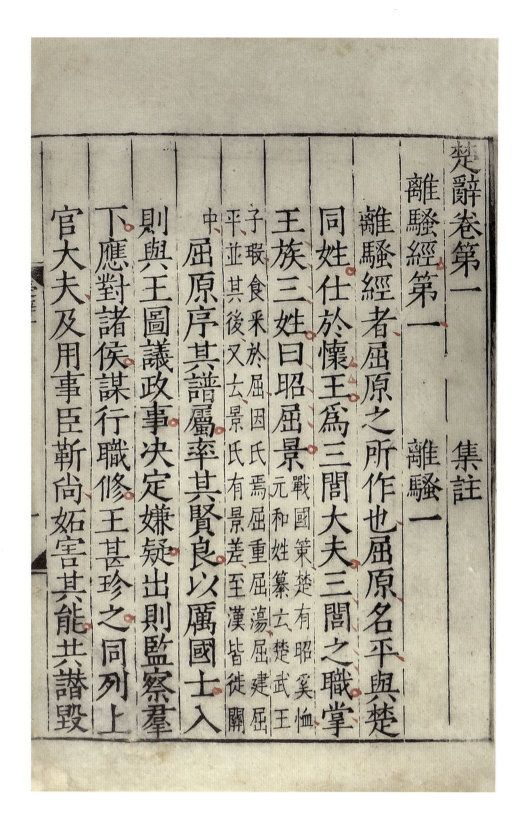

楚辭卷第一

離騷經第一　　　集註

離騷經第一　　離騷一

離騷經者屈原之所作也屈原名平與楚
同姓仕於懷王爲三閭大夫三閭之職掌
王族三姓曰昭屈景〔戰國策楚有昭奚恤
元和姓纂云楚武王
子瑕食采於屈因氏焉屈重屈建屈
平並其後又云景差至漢皆徙關
中屈原序其譜屬率其賢良以厲國士入
則與王圖議政事決定嫌疑出則監察羣
下應對諸侯謀行職修王甚珍之同列上
官大夫及用事臣靳尚妬害其能共譖毀

042. 楚辞集注八卷辩证二卷后语六卷 （宋）朱熹撰　**反离骚一卷**（汉）
扬雄撰　明嘉靖十四年（1535）袁褧刻本　存十六卷（楚辞集注全、辩证全、后语全）

开本高 25 厘米，宽 17.4 厘米。框高 19.8 厘米，宽 15.5 厘米。半叶十行，行十八字，
小字双行同，左右双边。存四册。武汉图书馆藏。

国家珍贵古籍名录编号：08663。

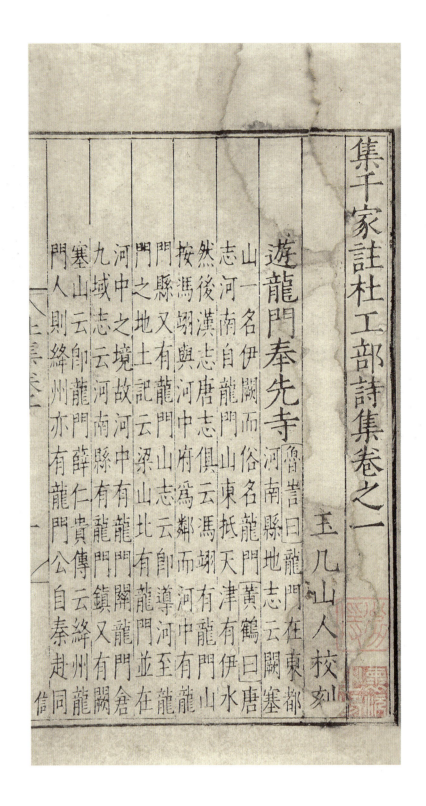

043. 集千家注杜工部诗集二十卷文集二卷 （唐）杜甫撰 （宋）黄鹤补注 **附录一卷** 明嘉靖十五年（1536）玉几山人刻本

开本高27.1厘米，宽17.6厘米。框高22.2厘米，宽14.2厘米。半叶八行，行十七字，小字双行同，白口，四周双边。钤"留畊书屋藏本""古鄮拥百城廛主人珍藏书画印记""谷士""有芷""襄沅之印""劣隐""廖世荫印"等印。十二册。襄阳市图书馆藏。

国家珍贵古籍名录编号：05234。

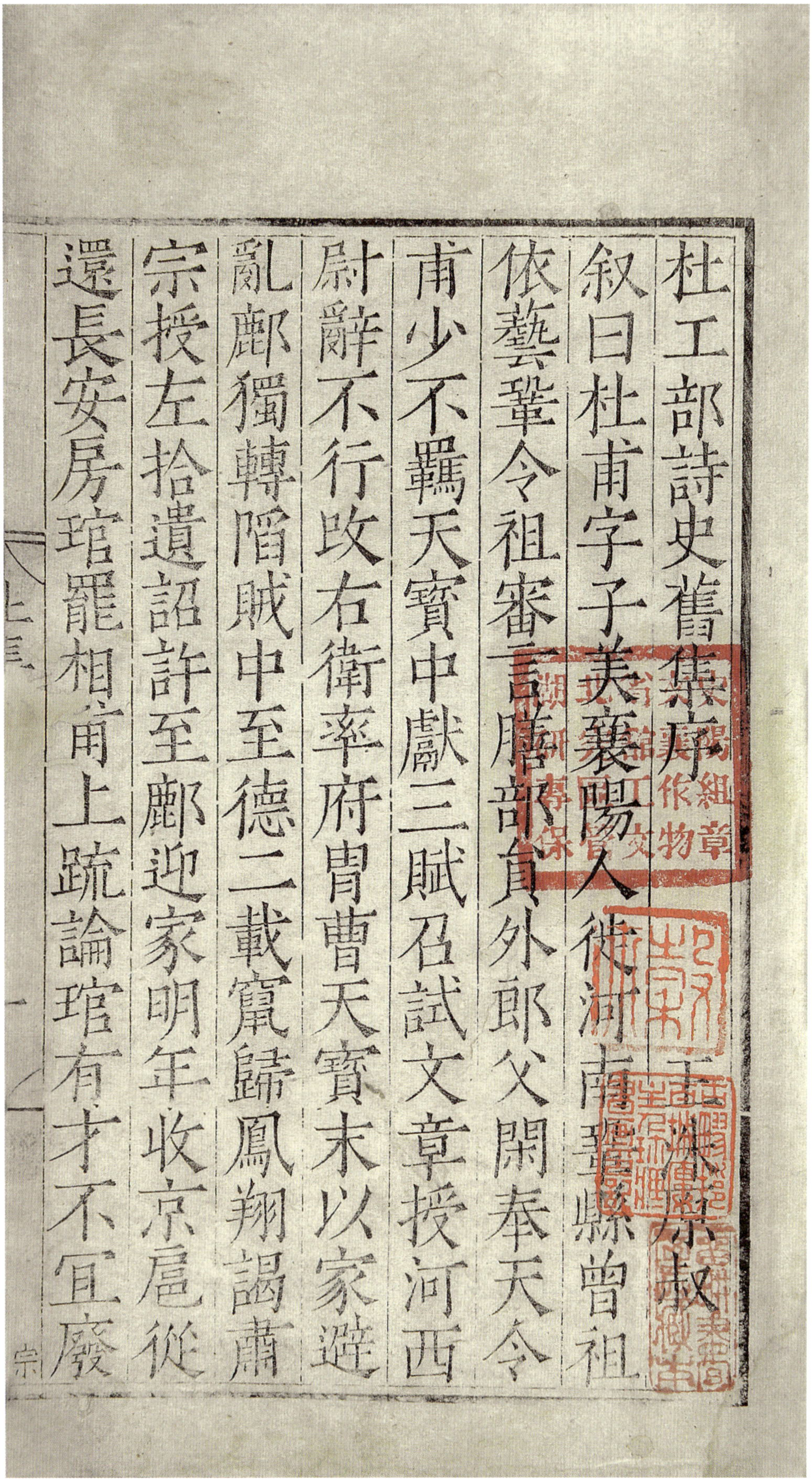
杜工部詩史舊集序 王洙原叔
叙曰杜甫字子美襄陽人徙河南鞏縣曾祖
依藝鞏令祖審言膳部員外郎父閑奉天令
甫少不羈天寶中獻三賦召試文章授河西
尉辭不行改右衛率府胄曹天寶末以家避
亂鄜獨轉陷賊中至德二載竄歸鳳翔謁肅
宗授左拾遺詔許至鄜迎家明年收京扈從
還長安房琯罷相甫上疏論琯有才不宜廢

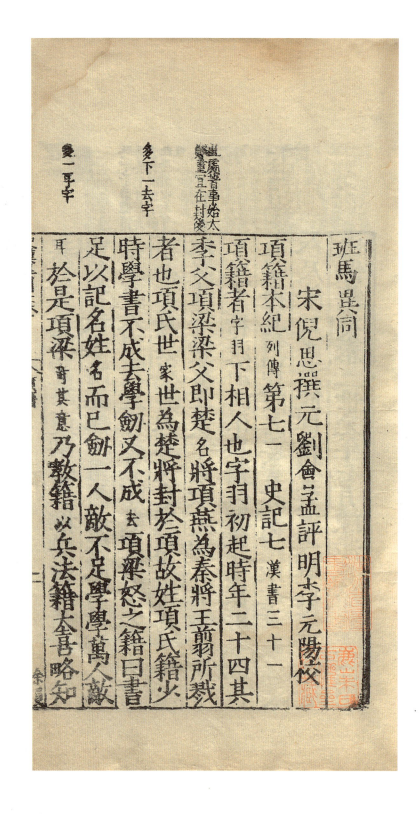

044. **班马异同三十五卷**　（宋）倪思撰　（宋）刘辰翁评　明嘉靖十六年（1537）李元阳刻本

开本高 26.4 厘米，宽 15.8 厘米。框高 17.1 厘米，宽 12.9 厘米。半叶九行，行十九字，小字双行同，白口，左右双边。钤"九叶传经""星渚干元仲珍藏书籍""蟫藻阁""鹿山朱氏古懂斋珍藏""朱舲之印""芷汀""鄂渚徐氏藏本"等印。八册。湖北省图书馆藏。

国家珍贵古籍名录编号：07527。

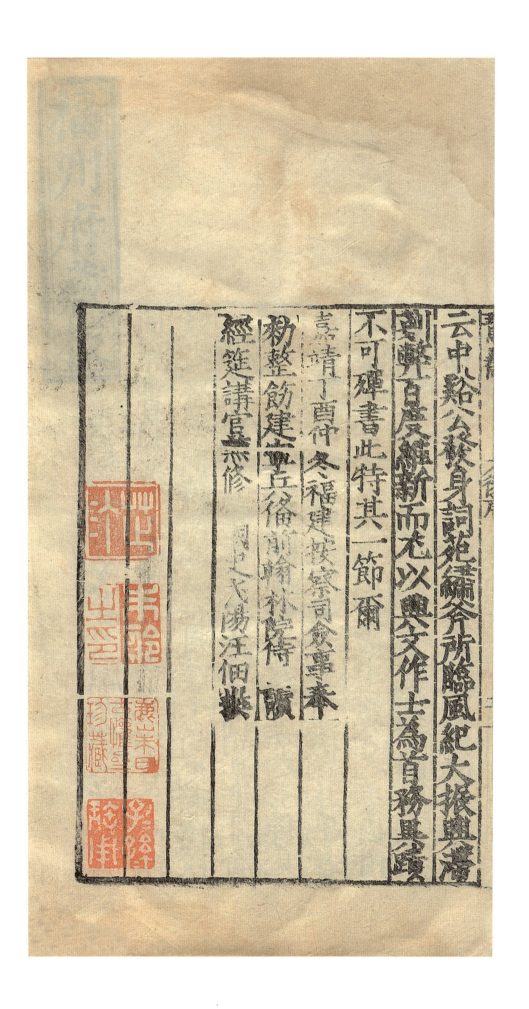

云中縠公發身之詞雄編齊所臨風紀大振鹽潴

釁百度維新而老以興文作士為首務異蹈

不可殫書此特其一節爾

嘉靖丁酉仲冬福建按察司僉事奉

勅整飭建寧兵備前翰林院待讀

經筵講官　裔修　同邑文陽汪佃撰

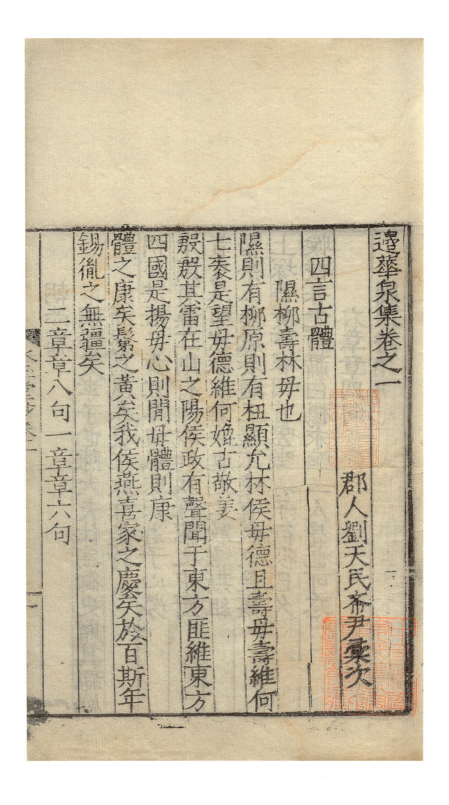

045. 边华泉集八卷 （明）边贡撰 （明）刘天民辑 明嘉靖十七年（1538）司马鲁瞻刻本 佚名录明俞宪题识

开本高25.5厘米，宽16.2厘米。框高17.3厘米，宽14.1厘米。半叶十一行，行二十字，小字双行同，白口，左右双边。钤"礼培私印""扫尘斋积书记"等印。四册。湖北省图书馆藏。

国家珍贵古籍名录编号：11951。

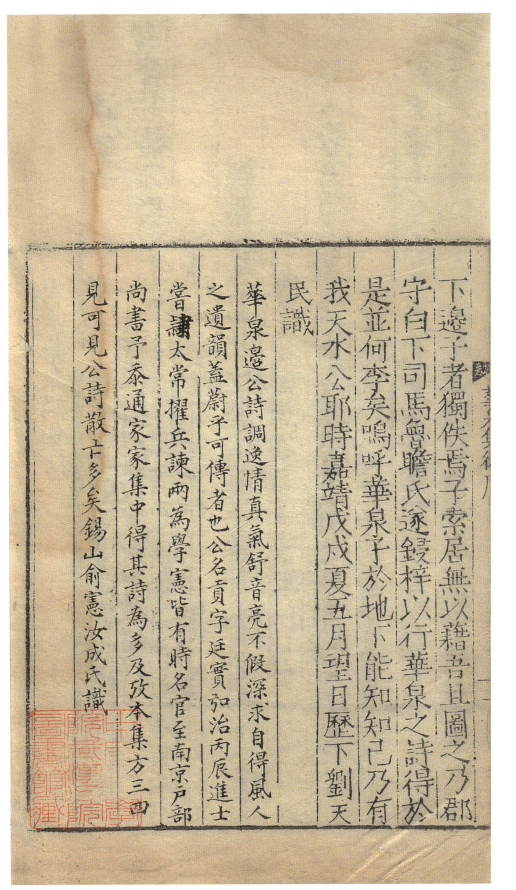

下邊子者獨佚焉子索居無以藉吾且圖之乃郡
守白下司馬嘗瞻氏遂鋟梓以行華泉之詩得於
是並何李矣嗚呼華泉子於地下能知知己乃有
我天水公耶時嘉靖戊戌夏五月望日歷下劉天
民識

華泉邊公詩調逸情真氣舒音亮不假深求自得風人
之遺韻蓋崑子可傳者也公名貢字廷實弘治丙辰進士
嘗以太常擢兵諫兩為學憲皆有時名官至南京戶部
尚書子泰通家集中得其詩為多及攷本集方三四
見可見公詩散亡多矣錫山俞憲汝成氏識

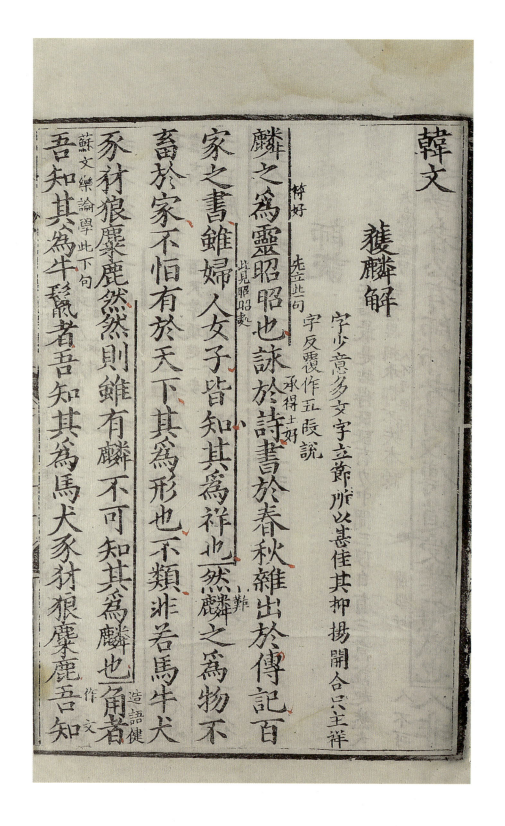

046. 东莱先生古文关键二卷 （宋）吕祖谦辑 明嘉靖十九年（1540）楚府崇本书院刻本

开本高27.5厘米，宽17.6厘米。框高23.5厘米，宽16.5厘米。半叶八行，行二十字，黑口，四周双边。二册。华中师范大学图书馆藏。

国家珍贵古籍名录编号：06346。

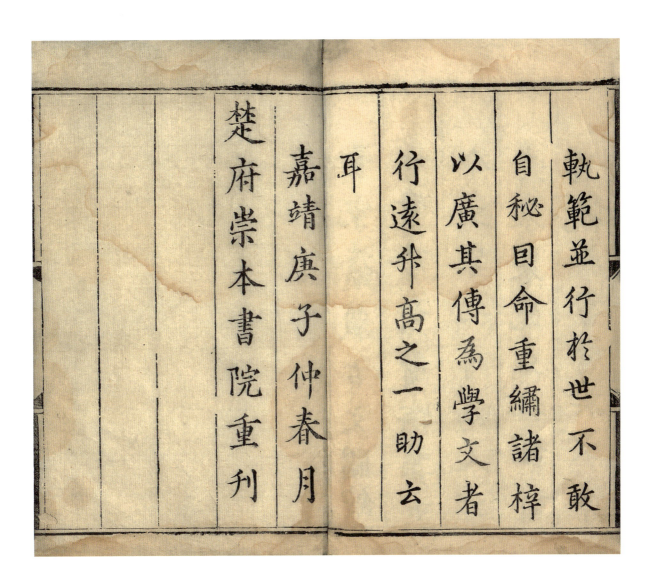

軌範並行於世不敢

自秘曰命重繡諸梓

以廣其傳爲學文者

行遠升高之一助云

耳

嘉靖庚子仲春月

楚府崇本書院重刊

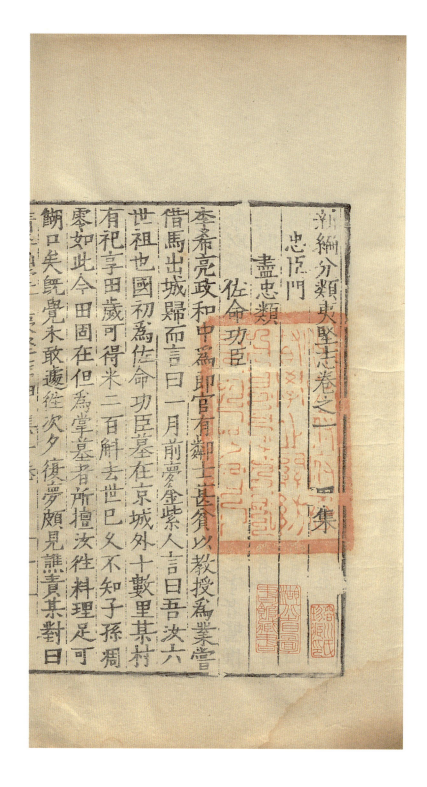

047. 新编分类夷坚志甲集五卷乙集五卷丙集五卷丁集五卷戊集五卷己集六卷庚集五卷辛集五卷壬集五卷癸集五卷 （宋）洪迈撰 （宋）叶祖荣辑 明嘉靖二十五年（1546）洪楩清平山堂刻本

开本高 28.8 厘米，宽 17.8 厘米。框高 19 厘米，宽 13.3 厘米。半叶十行，行二十字，白口，左右双边。钤"溶川主人"、"顺天府府丞督学之关防"（满汉合璧）、"王家璧印"、"林雪松风"等印。十册。湖北省图书馆藏。

国家珍贵古籍名录编号：12699。

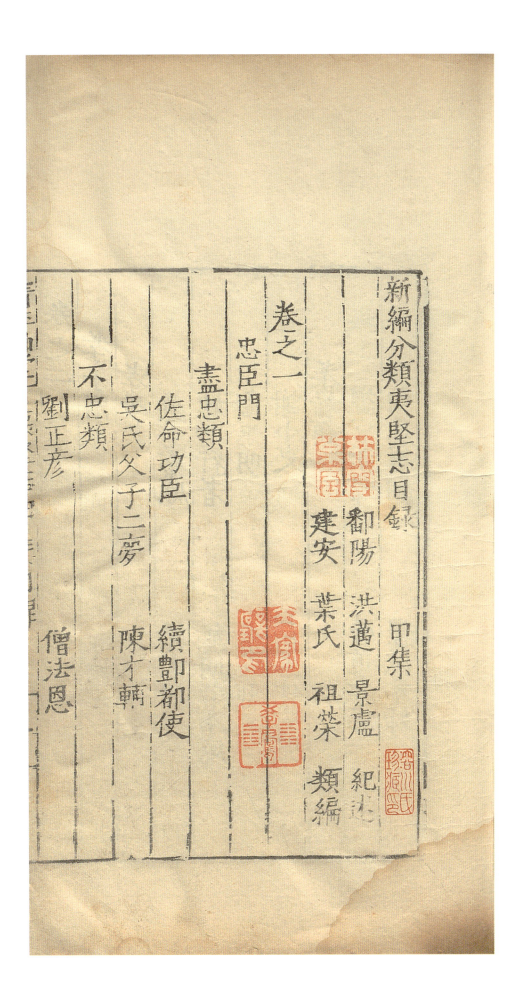

新編分類夷堅志目錄　甲集

書林
雙峰堂
　鄱陽　洪邁　景盧　紀述
　建安　葉氏　祖榮　類編

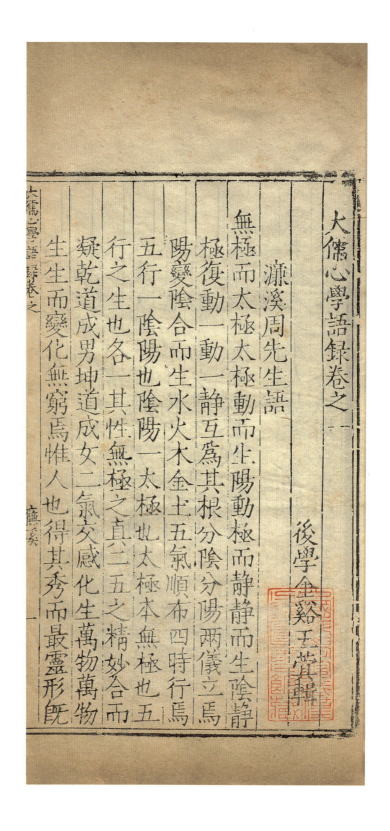

048. 大儒心学语录二十七卷 （明）王宾辑 明嘉靖二十八年（1549）抚州儒学刻本

开本高 28.2 厘米，宽 16 厘米。框高 21.3 厘米，宽 13.1 厘米。半叶十行，行二十一字，白口，四周双边。钤"清虚主人藏"等印。十册。湖北省图书馆藏。

国家珍贵古籍名录编号：08332。

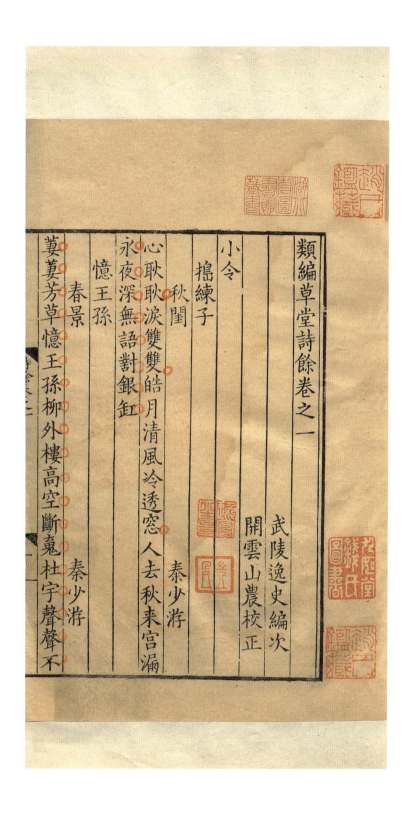

049. 类编草堂诗余四卷 （明）顾从敬编次　明嘉靖二十九年（1550）顾从敬刻本　佚名圈点

　　金镶玉装。开本高28.6厘米，宽18厘米。框高17.6厘米，宽12.2厘米。半叶十一行，行十九字，小字双行同，黑口，左右双边。钤"古潭州袁卧雪庐收藏""黄冈刘氏校书堂藏书记"等印。四册。湖北省图书馆藏。

　　国家珍贵古籍名录编号：09554。

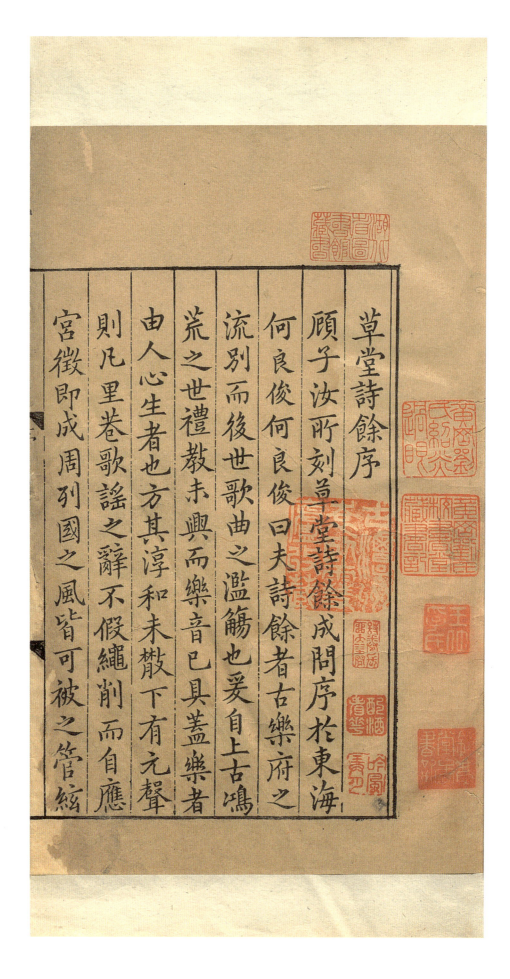

草堂詩餘序

顧子汝所刻草堂詩餘成問序於東海
何良俊何良俊曰夫詩餘者古樂府之
流別而後世歌曲之濫觴也要自上古鳴
荒之世禮教未興而樂音已具蓋樂者
由人心生者也方其淳和未散下有元聲
則凡里巷歌謠之辭不假繩削而自應
宮徵即成周列國之風皆可被之管絃

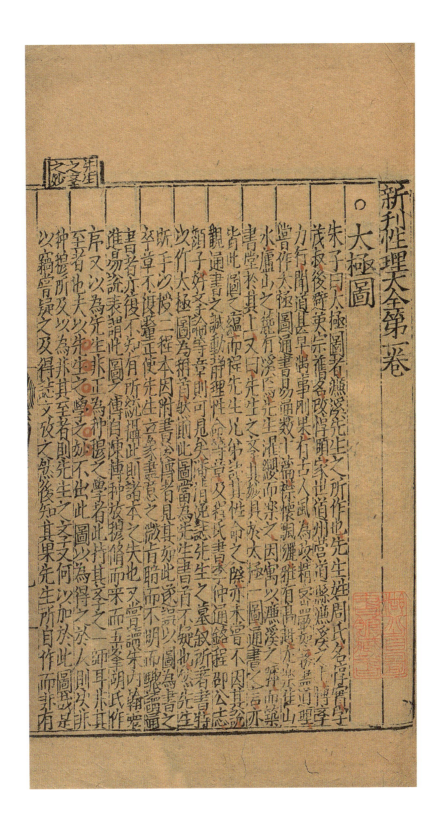

050. 新刊性理大全七十卷 （明）胡广等撰 明嘉靖三十一年（1552）叶氏广勤堂刻本

开本高23.7厘米，宽14.3厘米。框高17.1厘米，宽12.9厘米。半叶十一行，行二十六字，小字双行同，白口，四周双边。十二册。湖北省图书馆藏。

国家珍贵古籍名录编号：01753。

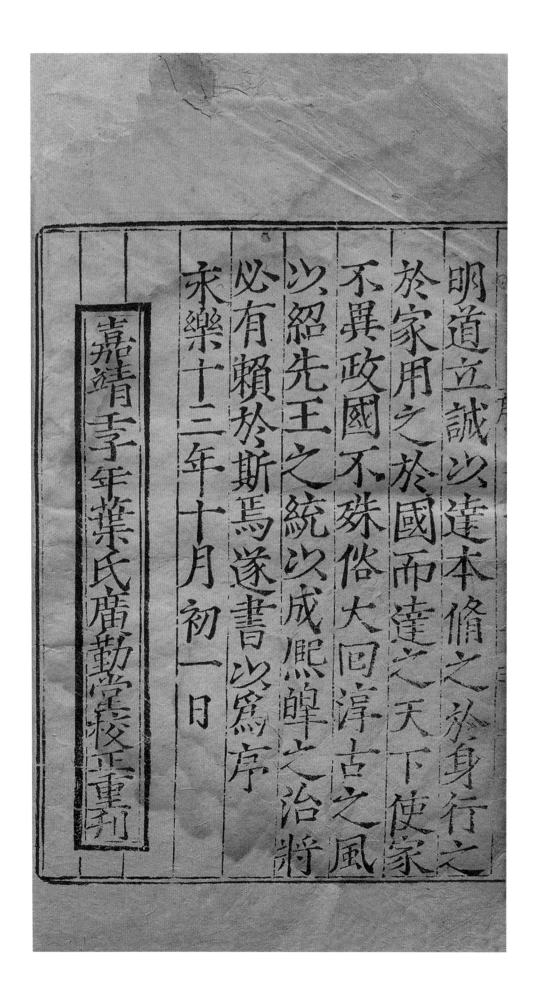

明道立誠必達本脩之於身行之

於家用之於國而達之天下使家

不異政國不殊俗大回淳古之風

必紹先王之統必成熙皡之治將

必有賴於斯焉遂書必寫序

永樂十三年十月初一日

嘉靖壬子年葉氏廣勤堂校正重刊

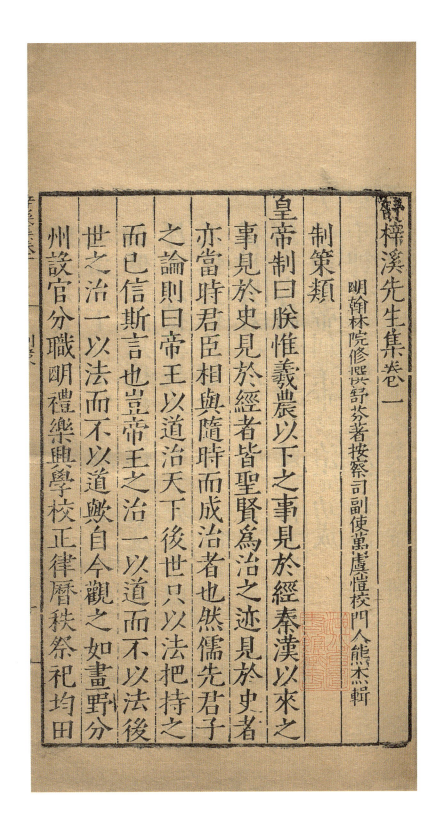

051. 舒梓溪先生集十卷　（明）舒芬撰　明嘉靖三十二年（1553）万虞恺等刻本

开本高25.7厘米，宽15.7厘米。半叶单框，框高19厘米，宽13.3厘米。半叶十行，行二十字，白口，四周单边。钤"蕉林藏书""徐弨谔藏阅书""藏棱盦"等印。四册。湖北省图书馆藏。

国家珍贵古籍名录编号：06042。

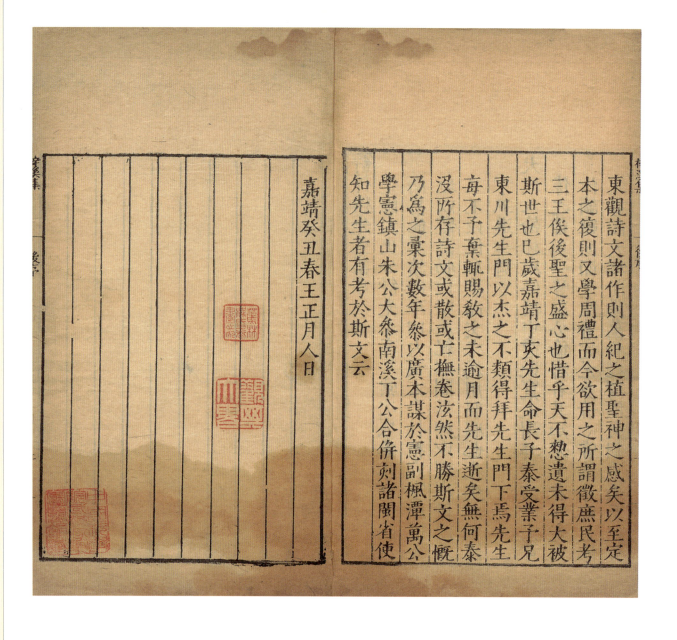

東觀詩文諸作則人紀之植聖神之感矣以至定
本之復則又學周禮而今欲用之所謂徵庶民考
三王俟後聖之盛心也惜乎天不憖遺未得大被
斯世也已歲嘉靖丁亥先生命長子泰受業子兄
東川先生門以杰之不類得拜先生門下焉先生
每不予棄輒賜敎之未逾月而先生逝矣無何泰
沒所存詩文或散或亡撫卷泫然不勝斯文之慨
乃爲之彙次數年參以廣本謀於憲副楓潭萬公
學憲鎮山朱公大叅南溪丁公合倂刻諸閩省使
知先生者有考於斯文云

嘉靖癸丑春王正月人日

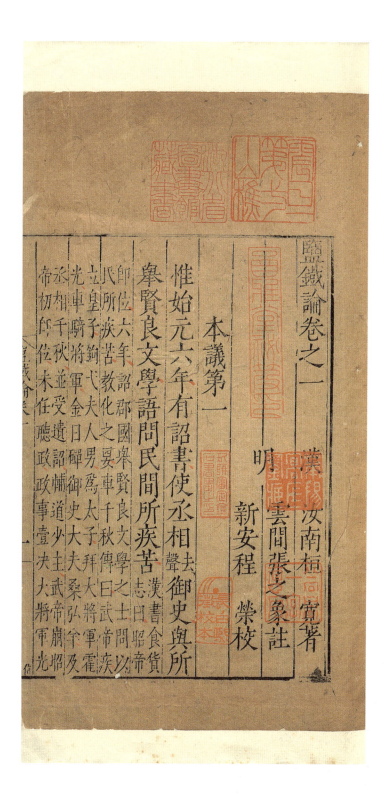

052. 盐铁论十二卷 （汉）桓宽撰 （明）张之象注 明嘉靖三十三年（1554）张氏猗兰堂刻明程荣重修本 熙征校

金镶玉装。开本高31.6厘米，宽18.8厘米。框高19.5厘米，宽14.1厘米。半叶九行，行十七字，小字双行同，白口，左右双边。钤"朱柽之印""九丹一字淹颂""函雅堂秘笈印""长白熙征校本""尚同一字德启"等印。六册。湖北省图书馆藏。

国家珍贵古籍名录编号：08225。

吏下脫逐字通典通考

有

者郡國或令〔平聲。令也。〕使民作布絮。吏人留難。與之

爲市。吏之所入。非獨齊陶之縑。屬漢之布也。

亦民間之所爲耳。而行姦賣平。農民重。〔平聲苦〕

女紅〔工音〕再稅未見輸之均也。縣官猥〔音委〕司〔發闔〕

門擅市。則萬物並收。萬物並收。則物騰躍〔而起馬〕

起。有如物之騰躍而起也。騰躍則商賈〔音古〕

貞曰。騰躍者。謂物踊貴而

伴利自市。〔坐販曰商行貨曰賈〕伴利自市。則吏容姦豪〔音古〕

而富商積貨儲物以待其急輕賈〔古音〕吏收

賤以取貴未見準之平也蓋古之均輸所以

非紅作工

而字畫塗同

手作平重玄聲平聲

雖作踊下同

踊亦同

依行目本四字不重

塗令同

熙征校

082

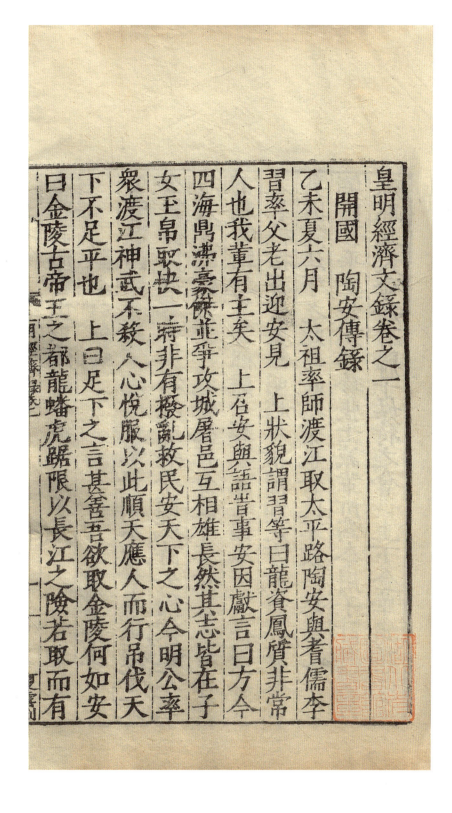

053. 皇明经济文录四十一卷 （明）万表辑　明嘉靖三十三年（1554）曲入绳、
游居敬刻本

开本高 25.4 厘米，宽 16.7 厘米。框高 19 厘米，宽 13.2 厘米。半叶十行，行二十二字，
白口，四周单边。钤"安乐堂藏书记""明善堂览书画印记"印。三十二册。湖北省图书馆藏。

国家珍贵古籍名录编号：10942。

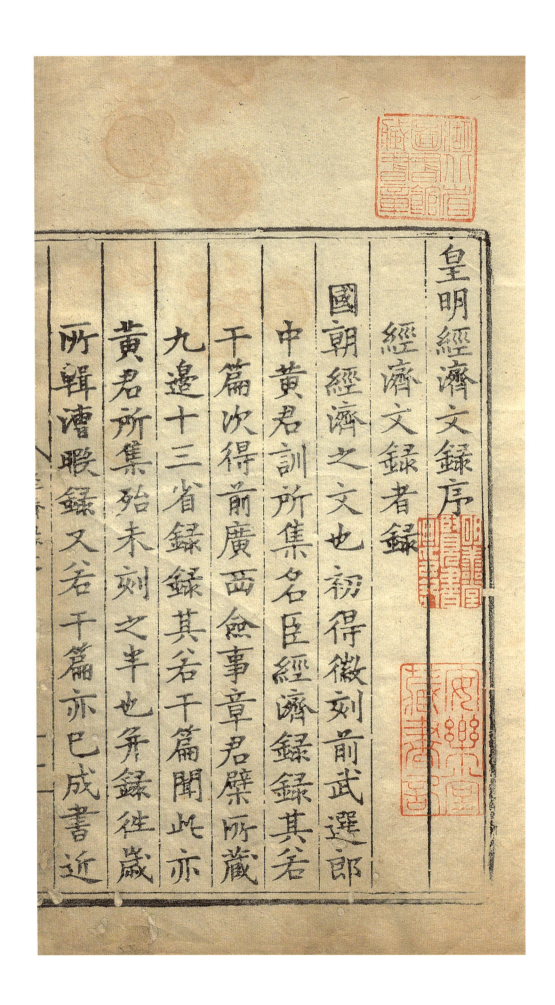

皇明經濟文錄序

經濟文錄者錄

國朝經濟之文也初得徽刻前武選郎

中黃君訓所集名臣經濟錄錄其若

干篇次得前廣西僉事章君璧所藏

九邊十三省錄錄其若干篇閒此亦

黃君所集殆未刻之半也并錄往歲

所輯漕䀛錄又若干篇亦已成書近

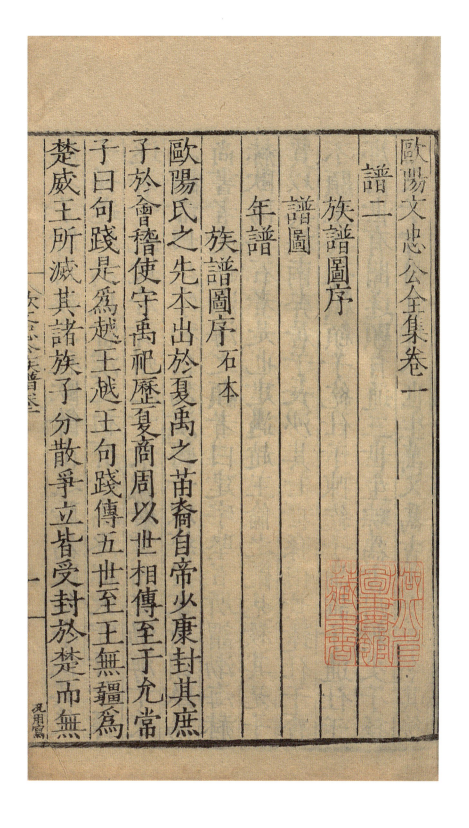

054. 欧阳文忠公全集一百三十五卷　（宋）欧阳修撰　明嘉靖三十四年（1555）陈珊刻本

开本高25厘米，宽15.7厘米。框高20.4厘米，宽14.3厘米。半叶十行，行二十字，小字双行同，白口，左右双边。三十二册。湖北省图书馆藏。

国家珍贵古籍名录编号：08849。

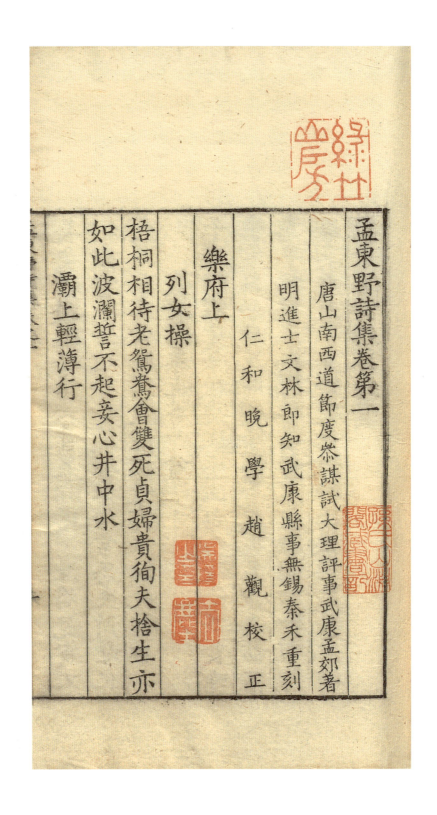

055. 孟东野诗集十卷 （唐）孟郊撰 **联句一卷** 明嘉靖三十五年（1556）秦禾刻本

开本高26.9厘米，宽17.3厘米。框高18.2厘米，宽13.6厘米。半叶九行，行十八字，小字双行同，白口，四周单边。钤"孙氏山渊阁藏书记""绿竹山房""吴隐之印""去尘""春霆印信"印。四册。湖北省图书馆藏。

国家珍贵古籍名录编号：08797。

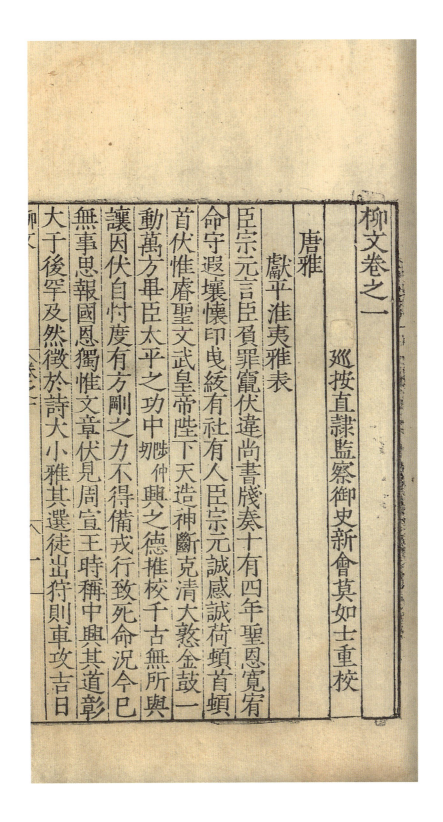

056. 柳文四十三卷别集二卷外集二卷 （唐）柳宗元撰 **附录一卷** 明嘉靖三十五年（1556）莫如士刻韩柳文本

开本高26.1厘米，宽16.2厘米。框高18.1厘米，宽13.4厘米。半叶十一行，行二十二字，小字双行同，白口，左右双边。钤"恭邸藏书""春霆印信"印。十六册。湖北省图书馆藏。

国家珍贵古籍名录编号：05373。

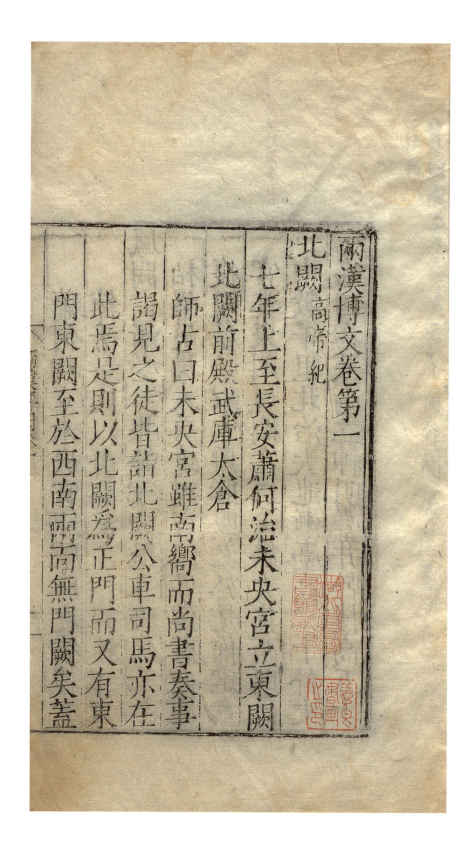

兩漢博文卷第一

北闕 高帝紀

七年上至長安蕭何治未央宮立東闕

北闕前殿武庫太倉

師古曰未央宮雖南嚮而尚書奏事

謁見之徒皆詣北闕公車司馬亦在

此馬是則以北闕爲正門而又有東

門東闕至於西南兩兩無門闕矣蓋

057. 两汉博闻十二卷 （宋）杨侃辑　明嘉靖三十七年（1558）黄鲁曾刻本

开本高 26.5 厘米，宽 17 厘米。框高 17.5 厘米，宽 12.3 厘米。半叶八行，行十六字，小字双行同，白口，左右双边。钤"善皀书画之印""大徐年"印。六册。湖北省图书馆藏。

国家珍贵古籍名录编号：04069。

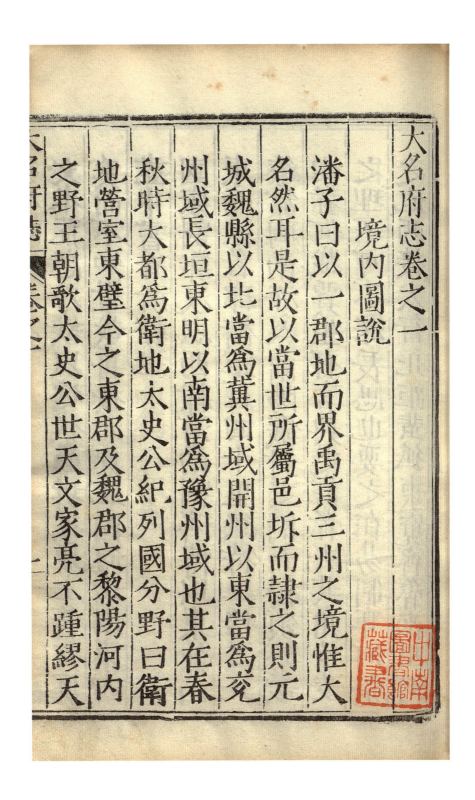

058.〔嘉靖〕大名府志二十九卷 （明）潘仲骖纂修 （明）赵慎修续修 明嘉靖三十七年（1558）刻万历十一年（1583）增修本 存十三卷（一至三、十至十七、二十三至二十四）

开本高 26.5 厘米，宽 18.2 厘米。框高 22.1 厘米，宽 15.7 厘米。半叶九行，行十八字，小字双行同，白口，四周双边。存三册。湖北省图书馆藏。

国家珍贵古籍名录编号：12534。

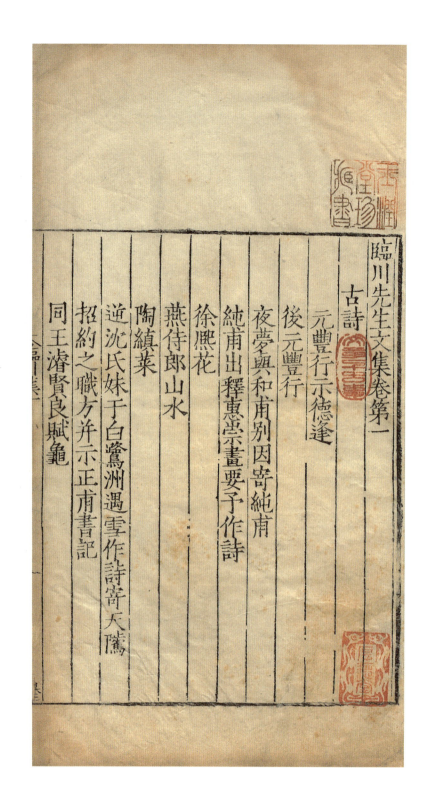

059. 临川先生文集一百卷目录二卷 （宋）王安石撰 明嘉靖三十九年（1560）何迁刻本 清吕思顺跋

开本高 30.7 厘米，宽 18.8 厘米。框高 20 厘米，宽 16 厘米。半叶十二行，行二十字，小字双行同，白口，左右双边。钤"玉润堂珍藏书""吕思顺印""厚德堂""效工"等印。二十册。湖北省图书馆藏。

国家珍贵古籍名录编号：05556。

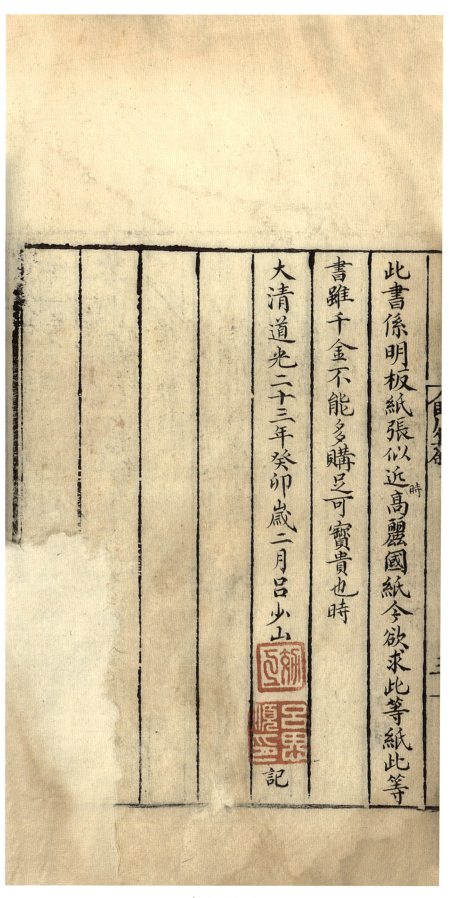

此書係明板紙張似近高麗國紙今欲求此等紙此等

書雖千金不能多購足可寶貴也

大清道光二十三年癸卯歲二月吕少山記

清吕思順跋

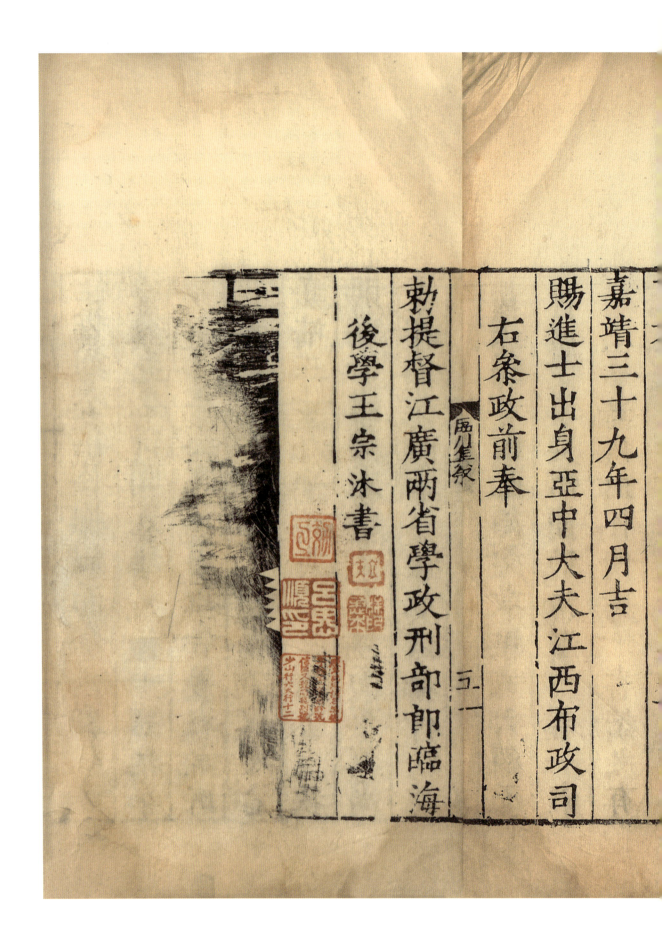

嘉靖三十九年四月吉

賜進士出身亞中大夫江西布政司

右參政前奉

敕提督江廣兩省學政刑部郎臨海

後學王宗沐書

稱亦抑有由也公文章根抵六經而
貫徹三才其體簡勁精潔自名一家
平生展錯無出於使還一書讀之有
古人獻畞翻然之志而後世顧以公
相業疑之然公業所以不就其失自
有在亦安得而弇疑其善也德安吉
陽何先生巡撫江西悉蘆蒐百工表章

往哲刻公集於撫州而命沐為序沐
嘗從先生得聞天地萬物一體之學
輒以此序公文且用以告後之相天

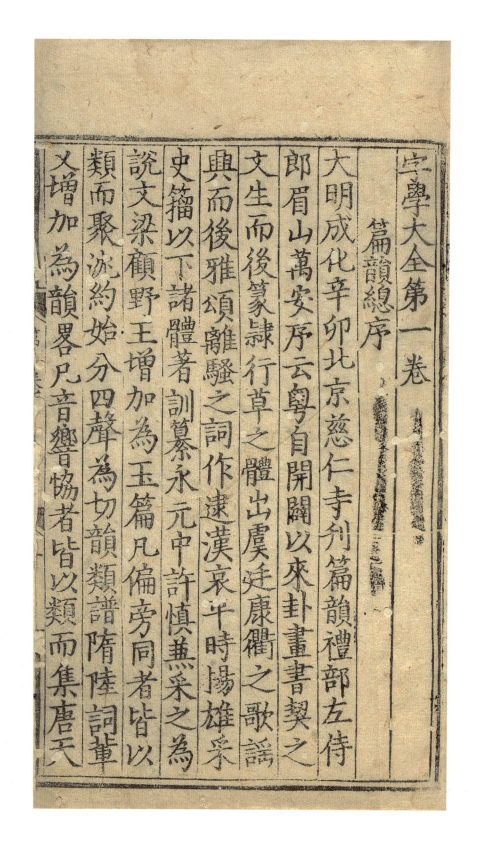

字學大全第一卷

篇韻總序

大明成化辛卯北京慈仁寺列篇韻禮部左侍
郎眉山萬安序云粤自開闢以來卦畫書契之
文生而後篆隸行草之體出虞廷康衢之歌謠
興而後雅頌離騷之詞作逮漢哀平時揚雄采
史籀以下諸體著訓篡永元中許慎蓋采之為
說文梁顧野王增加為玉篇凡偏旁同者皆以
類而聚迩約始分四聲為切韻類譜隋陸詞輩
又增加為韻罢凡音響協者皆以類而集唐天

060. 字学大全三十二卷 （明）王三聘撰　明嘉靖四十三年（1564）自刻本
　　开本高 27.9 厘米，宽 17.4 厘米。框高 23.5 厘米，宽 15.4 厘米。半叶十行，行十八字，
黑口，四周双边。钤"曾在张春霆处"等印。二十四册。湖北省图书馆藏。
　　国家珍贵古籍名录编号：03443。

字學大全第二卷

大明嘉靖甲子前進士鼇屋王三聘校刊

牙音見溪二母 凡收五十九部

見母第一

平聲

金部一	高部三	干部七	甘部十一	傘部十五	蓋部十九	久部二十三
斤部二	戈部四	瓜部八	門部十二	京部十六	癸部二十	思部二十四
	交部五	巾部九	工部十三	光部十七	韭部二十一	九部二十五
	弓部六	龜部十	斗部十四	巳部十八	古部二十二	鼓部二十六

上聲 聲巳部十八

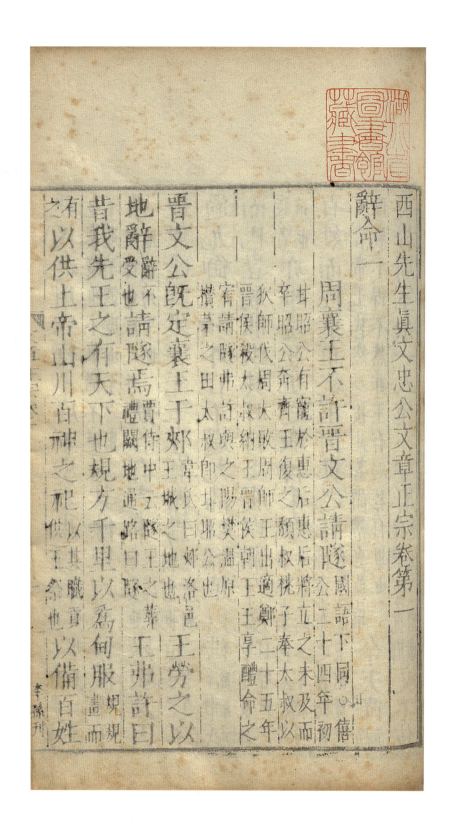

061. 西山先生真文忠公文章正宗二十四卷 （宋）真德秀辑　明嘉靖四十三年（1564）李豸、李磐刻本

开本高28.2厘米，宽18.2厘米。框高21.2厘米，宽15.8厘米。半叶十行，行十九字，小字双行同，白口，左右双边。十二册。湖北省图书馆藏。

国家珍贵古籍名录编号：06359。

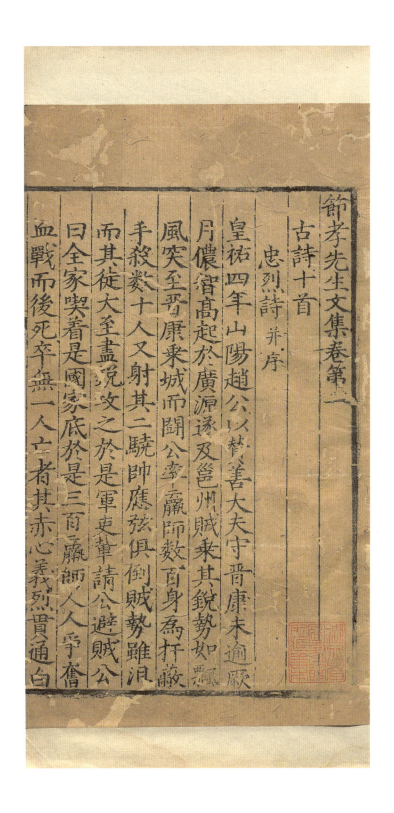

062. 节孝先生文集三十卷 （宋）徐积撰 **语录一卷事实一卷** 明嘉靖
四十四年（1535）刘祜刻本 清蒋玢跋

金镶玉装。开本高29厘米，宽17厘米。框高20.5厘米，宽14厘米。半叶十行，
行二十字，白口，四周单边。钤"晋安蒋绚臣家藏书""黄冈刘氏绍炎过眼"等印。十册。
湖北省图书馆藏。

国家珍贵古籍名录编号：10627。

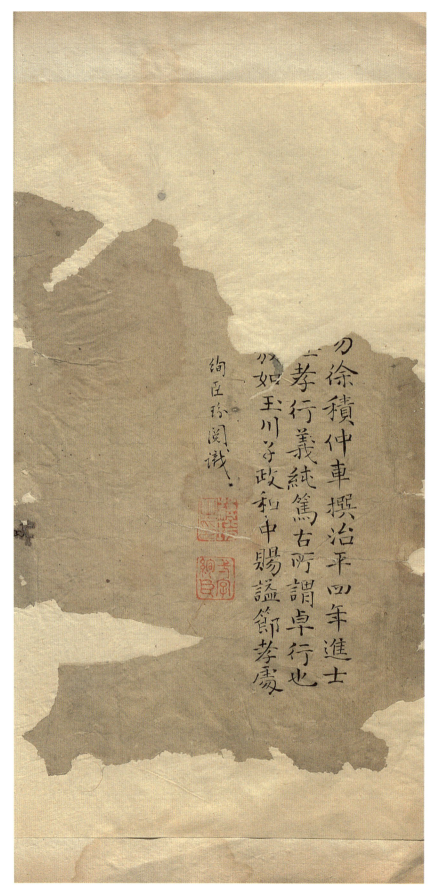

乃徐積仲車撰治平四年進士一孝行義純篤古所謂卓行也如玉川子政和中賜謚節孝處

絢臣珍閱識

清蒋玢跋

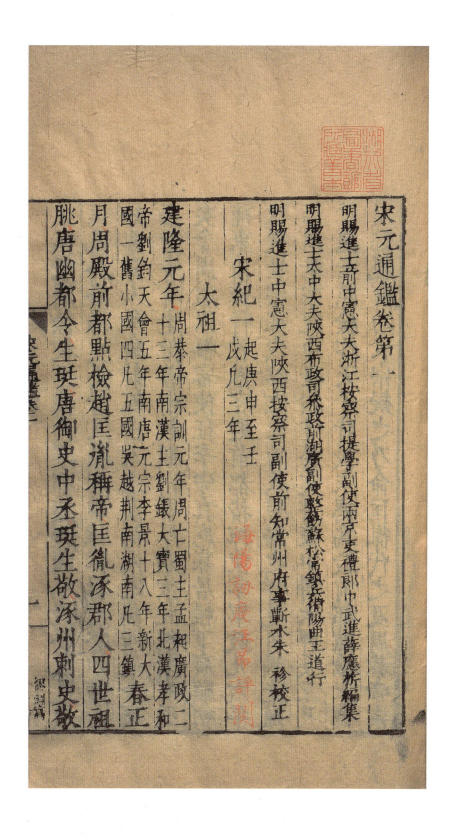

063. 宋元通鉴一百五十七卷 （明）薛应旂撰　明嘉靖四十五年（1566）自刻本　清汪昂批点并题识

　　开本高 28 厘米，宽 17.6 厘米。框高 20 厘米，宽 14.5 厘米。半叶十行，行二十字，小字双行同，白口，四周单边。十六册。湖北省图书馆藏。

　　国家珍贵古籍名录编号：03728。

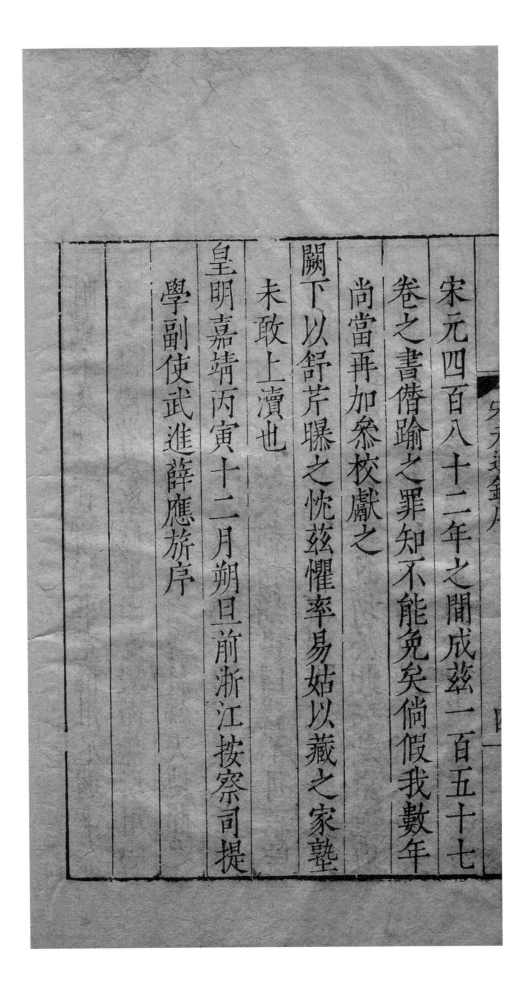

宋元四百八十二年之間成茲一百五十七

卷之書僭踰之罪知不能免矣倘假我數年

尚當再加參校獻之

闕下以舒芹曝之忱茲懼率易姑以藏之家塾

未敢上瀆也

皇明嘉靖丙寅十二月朔日前浙江按察司提

學副使武進薛應旂序

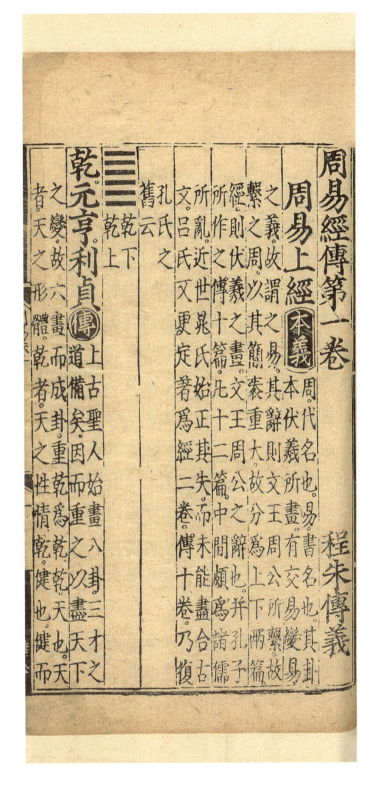

064. 周易程朱传义二十四卷 （宋）程颐 （宋）朱熹撰 **上下篇义一卷** （宋）程颐撰 **朱子图说一卷周易五赞一卷筮仪一卷** （宋）朱熹撰 明嘉靖刻本

金镶玉装。开本高29.5厘米，宽17.2厘米。框高21.6厘米，宽13.7厘米。半叶九行，行十七字，小字双行同，黑口，四周双边。钤"范熙壬印""敬胜阁购藏宋板元印"印。八册。湖北省图书馆藏。

国家珍贵古籍名录编号：12424。

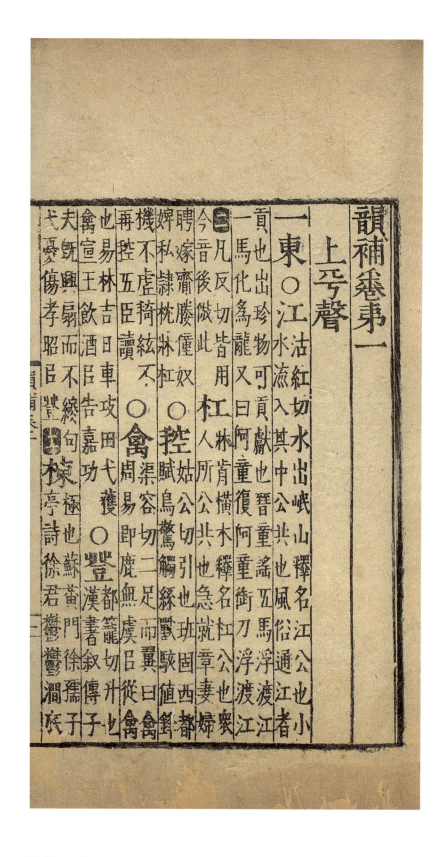

065. **韵补五卷** （宋）吴棫撰　明嘉靖许宗鲁刻本　徐恕跋并录徐鸿宝校

开本高26.5厘米，宽16.4厘米。框高18.7厘米，宽13.4厘米。半叶九行，行十七字，小字双行同，黑口，左右双边。五册。湖北省图书馆藏。

国家珍贵古籍名录编号：07461。

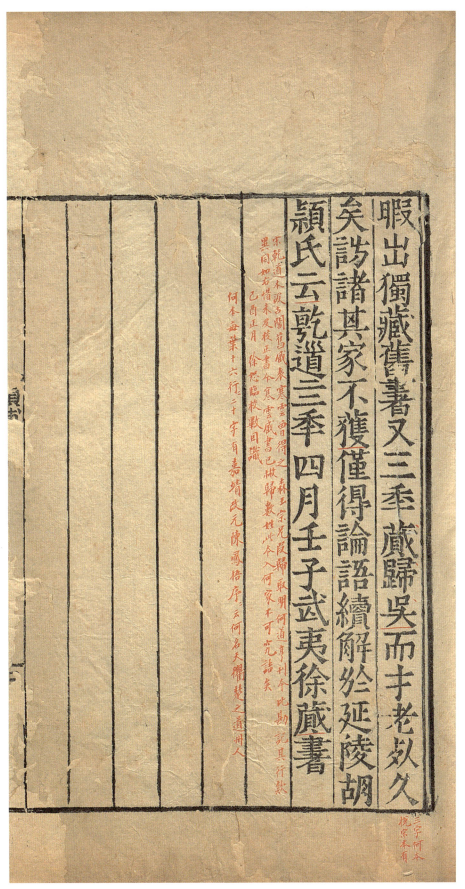

暇出獨藏舊書又三季嵗歸吳而于老矣久
矣訪諸其家不獲僅得論語續解於延陵胡
穎氏云乾道三季四月壬子武夷徐藏書

宋乾道本汲古閣舊藏衰雲庵曾得之森玉宗元段歸取明何道尊刊今此勘記其行款
異同如右惜未及校正書今寫雲庵書已被歸數姓此本入何家不可究詰矣
己酉正月徐恕臨校數日識

何本每葉十六行二十字有嘉靖改元陳麖梧序云何名天體楚之通州人

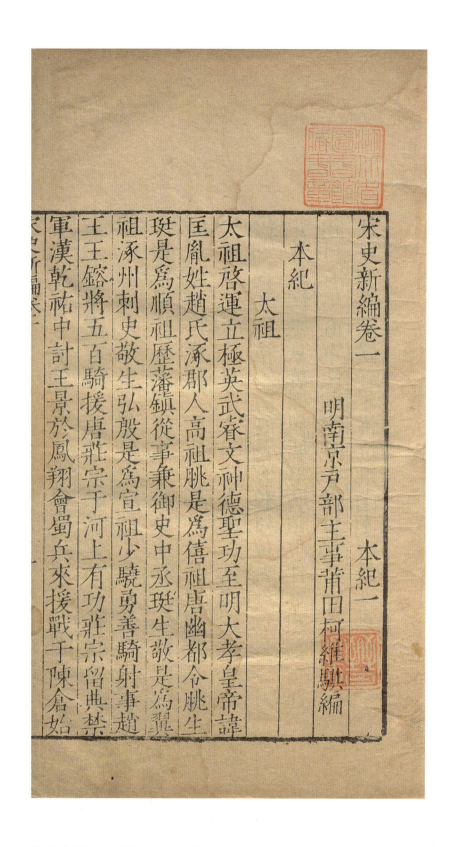

066. 宋史新编二百卷 （明）柯维骐撰　明嘉靖刻本

开本高26.5厘米，宽16.8厘米。框高18.9厘米，宽13.1厘米。半叶十行，行二十一字，白口，四周单边。钤"七十二峰主人""蟫隐庐所得善本""晋阳"等印。四十八册。湖北省图书馆藏。

国家珍贵古籍名录编号：03566。

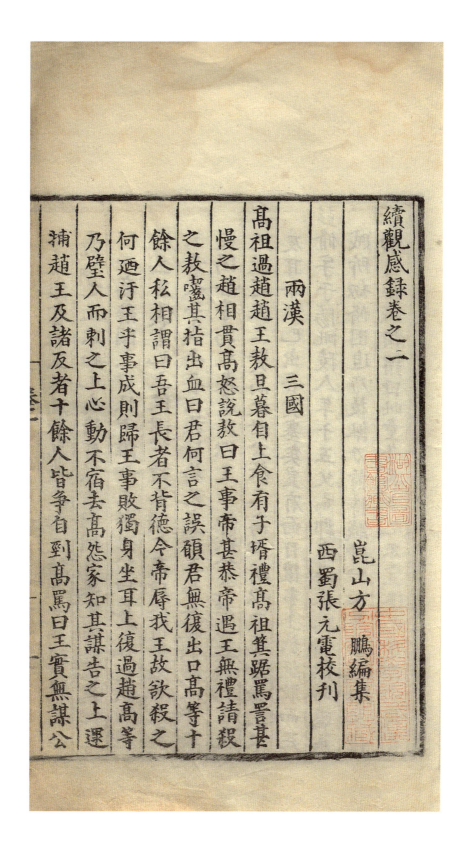

067. 续观感录十二卷 （明）方鹏辑　明张元电刻本

开本高28.8厘米，宽18.3厘米。框高20.8厘米，宽15.4厘米。半叶十一行，行二十三字，白口，左右双边。四册。湖北省图书馆藏。

国家珍贵古籍名录编号：10260。

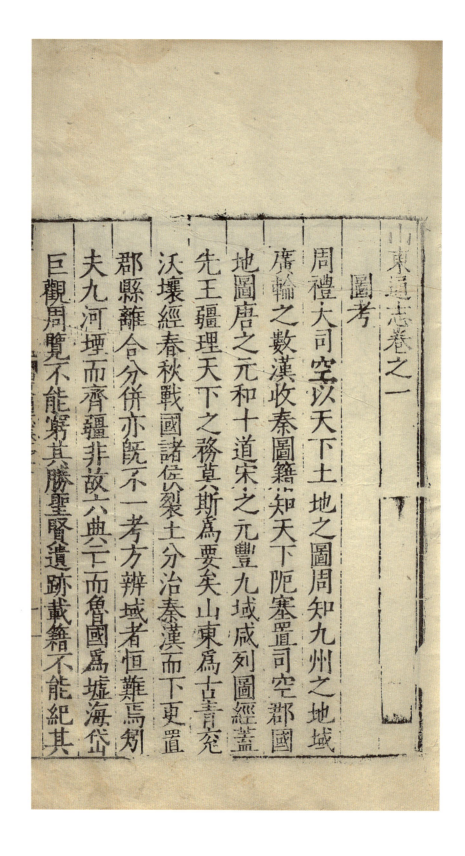

山東通志卷之一

圖考

周禮大司空以天下土地之圖周知九州之地域廣輪之數漢收秦圖籍知天下阨塞置司空郡國地圖唐之元和十道宋之元豐九域咸列圖經蓋先王疆理天下之務莫斯為要矣山東為古青兗沃壤經春秋戰國諸侯以裂土分治秦漢而下更置郡縣離合分併亦既不一考方辨域者恒難焉列夫九河埋而齊疆非故六典二十而魯國為墟海岱山巨觀周覽不能窮其勝聖賢遺跡載籍不能紀其

068. 〔嘉靖〕山东通志四十卷 （明）陆钺等纂修 明嘉靖刻本

开本高 32.4 厘米，宽 20.6 厘米。框高 22.7 厘米，宽 17.1 厘米。半叶十行，行二十字，白口，左右双边。二十四册。湖北省图书馆藏。

国家珍贵古籍名录编号：12547。

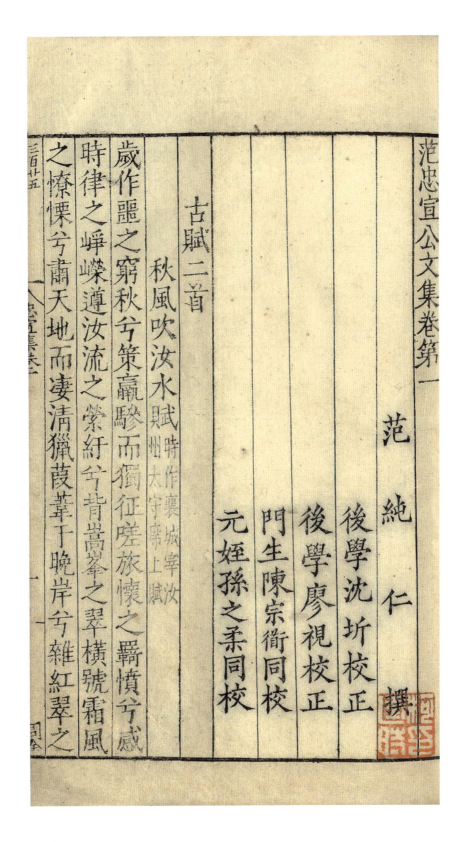

古賦二首

秋風吹汝水賦　時作襄城宰汝州太守席上賦

歲作噩之窮秋兮策羸駿而獨征嗟旅懷之羈憤兮感時律之崢嶸遵汝流之縈紆兮背嵩峯之翠橫號霜風之燎慄兮蕭天地而悽清獵葭葦于晚岸兮雜紅翠之

范忠宣公文集卷第一

范純仁　撰

後學沈坼校正

後學廖視校正

門生陳宗衞同校

元姪孫之柔同校

三百廿五

〔忠宣集卷一〕

一

圖書

069. 范忠宣公文集二十卷　（宋）范纯仁撰　明嘉靖范惟元等刻本　柯逢时跋

开本高25.9厘米，宽17.5厘米。框高21.5厘米，宽15.2厘米。半叶十一行，行二十一字，小字双行同，白口，左右双边。钤"柯逢时印"印。四册。湖北省博物馆藏。

国家珍贵古籍名录编号：12751。

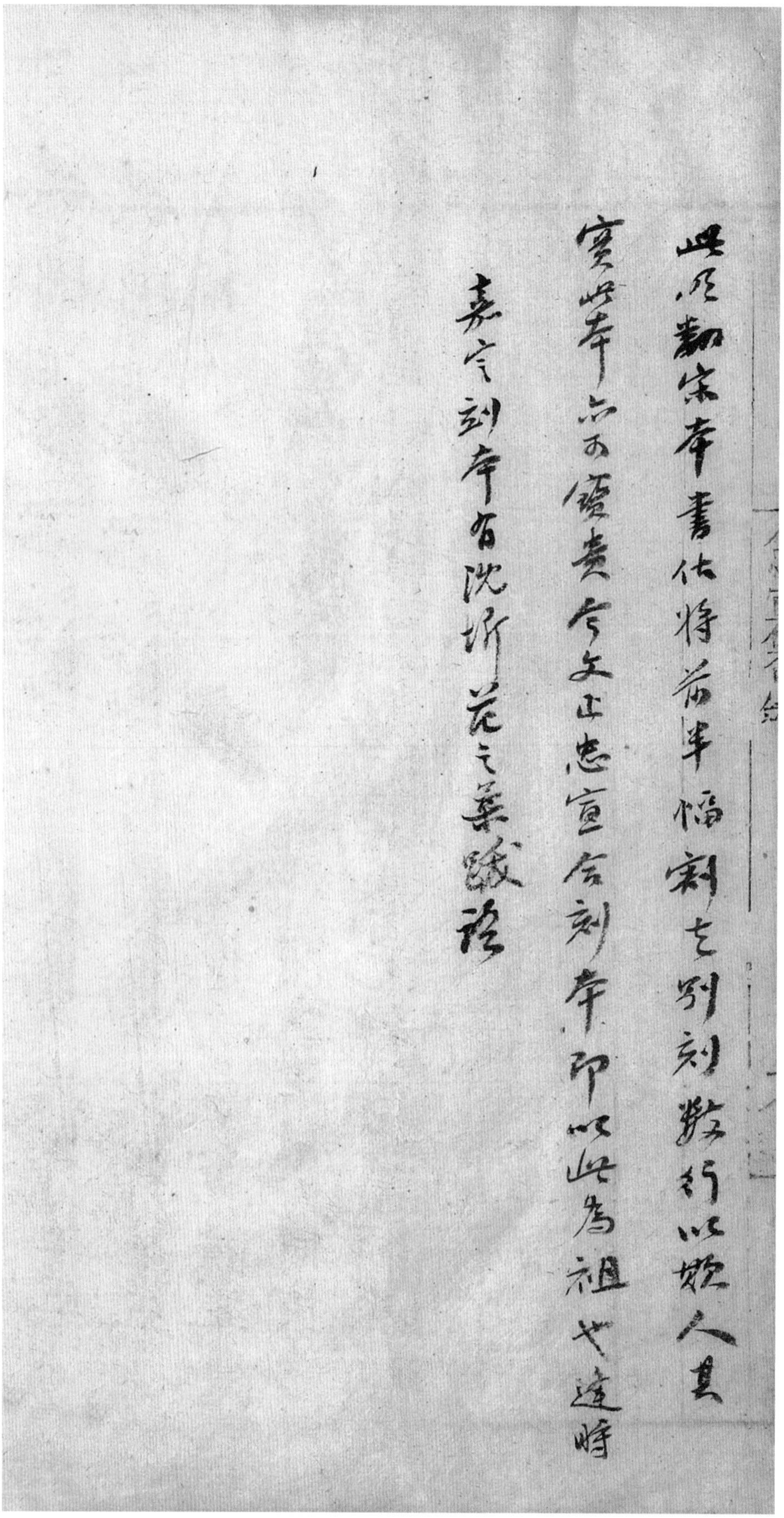
此乃翻宋本書估將前半幅割去别刻數行以欺人其
實此本亦丙覆袁氏文正忠宣合刻本印以此為祖也逢時
嘉定刻本有沈圻范之柔跋語

柯逢时跋

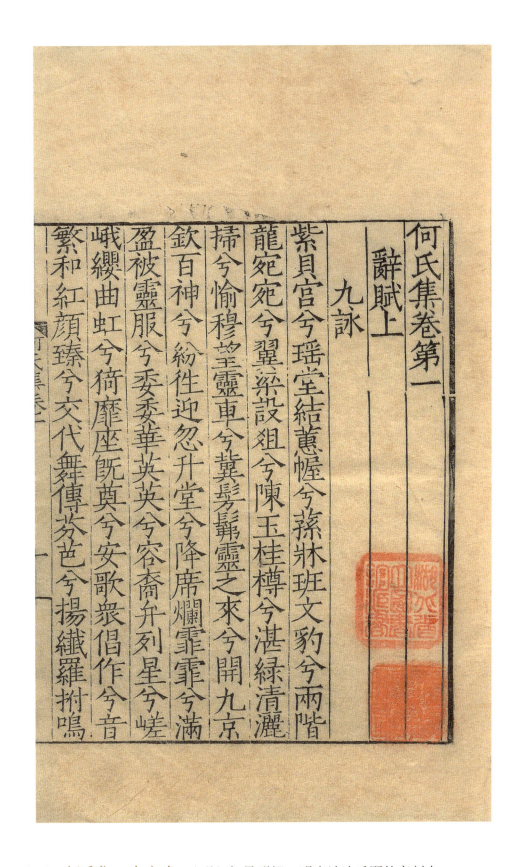

070. 何氏集二十六卷 （明）何景明撰　明嘉靖沈氏野竹斋刻本

开本高 24.6 厘米，宽 16.7 厘米。框高 16.4 厘米，宽 13.6 厘米。半叶十行，行十八字，白口，左右双边。钤"顾铉私印""曾在张春霆处"等印。十四册。湖北省图书馆藏。

国家珍贵古籍名录编号：09137。

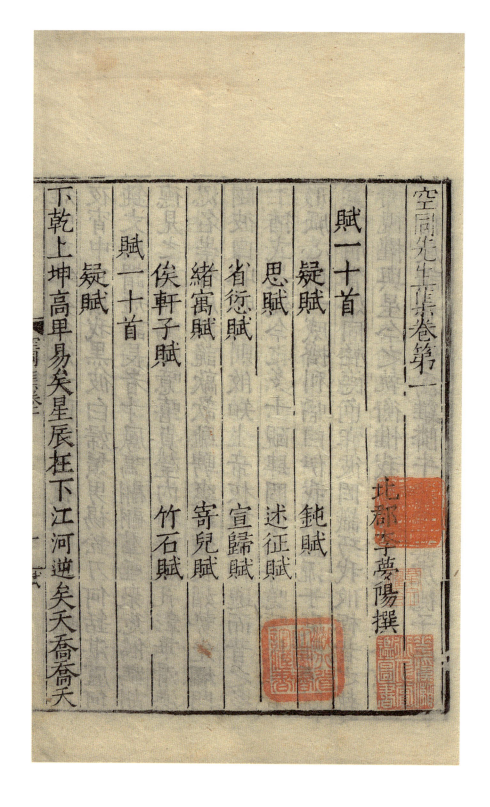

071. 空同先生集六十三卷 （明）李梦阳撰　明嘉靖刻本　张继煦跋（卷五十九配抄本）

　　开本高26.7厘米，宽17.9厘米。框高19.1厘米，宽15.4厘米。半叶十一行，行二十字，小字双行同，白口，左右双边。钤"花溪懒道人赏鉴图书""茅文耀印""曾在张春霆处"印。十六册。湖北省图书馆藏。

　　国家珍贵古籍名录编号：09111。

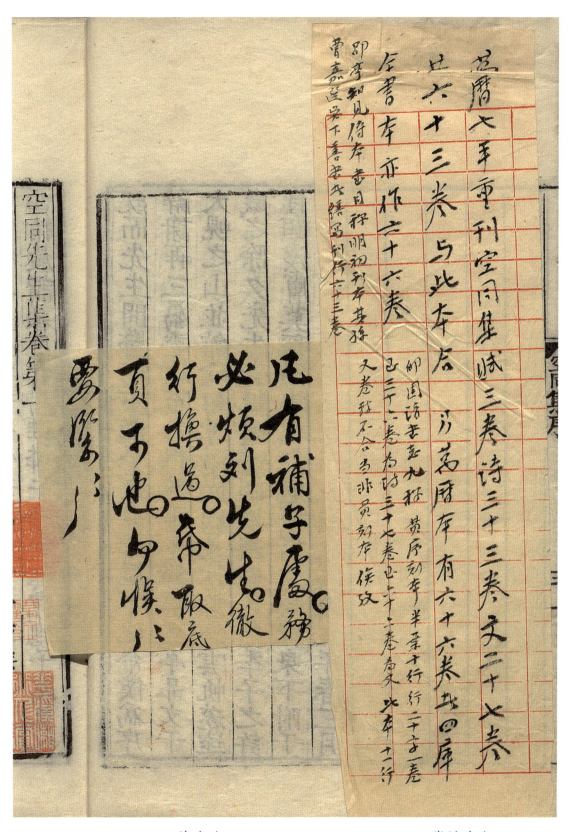

佚名跋　　　　　　　　　　　　张继煦跋

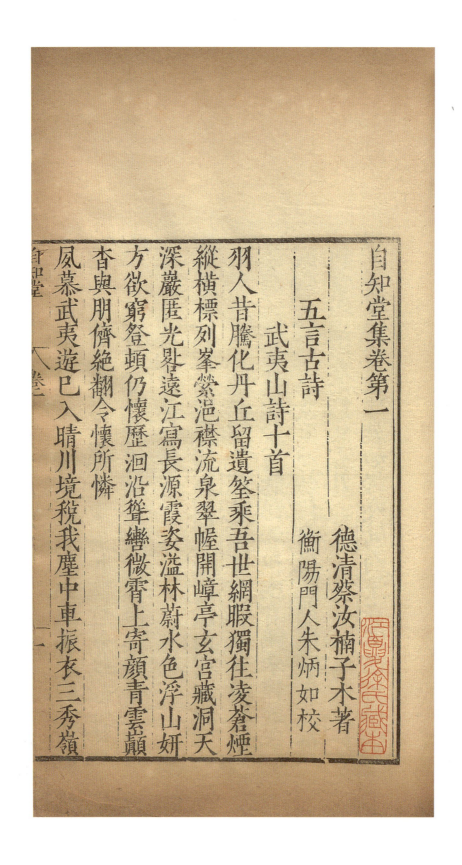

自知堂集卷第一

五言古詩

武夷山詩十首

　　德清蔡汝楠子木著

　　衡陽門人朱炳如校

羽人昔騰化丹丘留遺筌乘吾世網暇獨往凌蒼煙

縱橫標列峯縈迴襟流泉翠幄開嶂亭玄宮藏洞天

深巖匿光晷遠江寫長源霞姿溢林薈水色浮山妍

方欲窮登頓仍懷歷迴沿聳巒微霄上寄顏青雲巔

杳與朋儕絕翩令懷所憐

鳳慕武夷遊巳入晴川境稅我塵中車振衣三秀嶺

072. 自知堂集二十四卷　（明）蔡汝楠撰　明嘉靖刻本

开本高 28.5 厘米，宽 17.7 厘米。框高 19.2 厘米，宽 14.5 厘米。半叶十行，行二十字，小字双行同，白口，左右双边。钤"江夏徐氏藏本"等印。十册。湖北省图书馆藏。

国家珍贵古籍名录编号：09217。

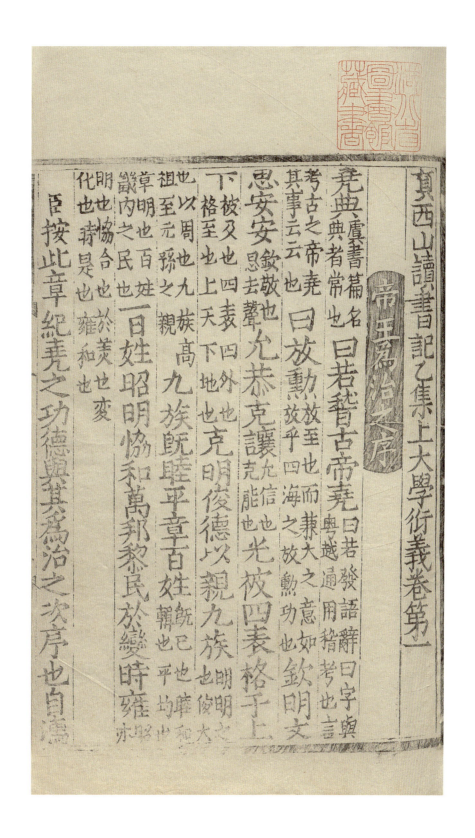

073. 真西山读书记乙集上大学衍义四十三卷 （宋）真德秀撰　明刻本

开本高29.5厘米，宽19.3厘米。框高23.4厘米，宽17.1厘米。半叶十行，行二十字，小字双行同，白口间黑口，四周双边。钤"敷教之印""半偈斋""延美""惧以始终"印。十六册。湖北省图书馆藏。

国家珍贵古籍名录编号：08273。

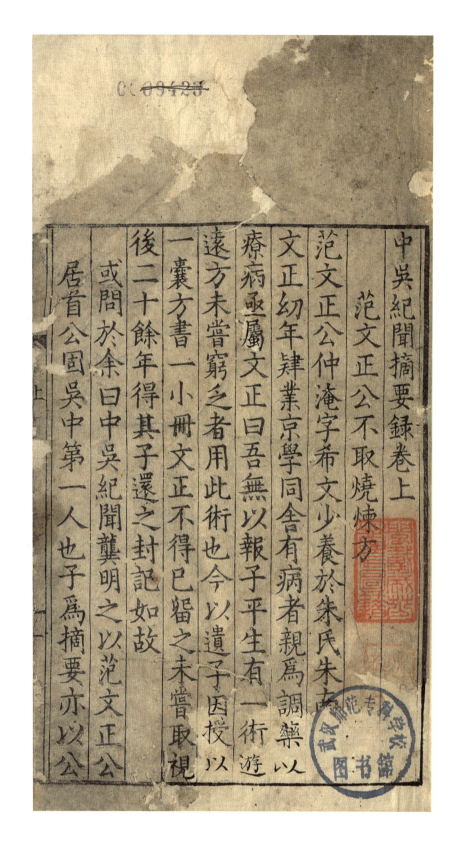

074. 中吴纪闻摘要录三卷 （明）秦复斋撰　明隆庆三年（1569）秦士元刻本

开本高 24.8 厘米，宽 14.9 厘米。框高 17.7 厘米，宽 13 厘米。半叶十行，行十八字，白口，左右双边。钤"闽戴成芬芷农图籍""芷农"等印。三册。湖北大学图书馆藏。

国家珍贵古籍名录编号：04180。

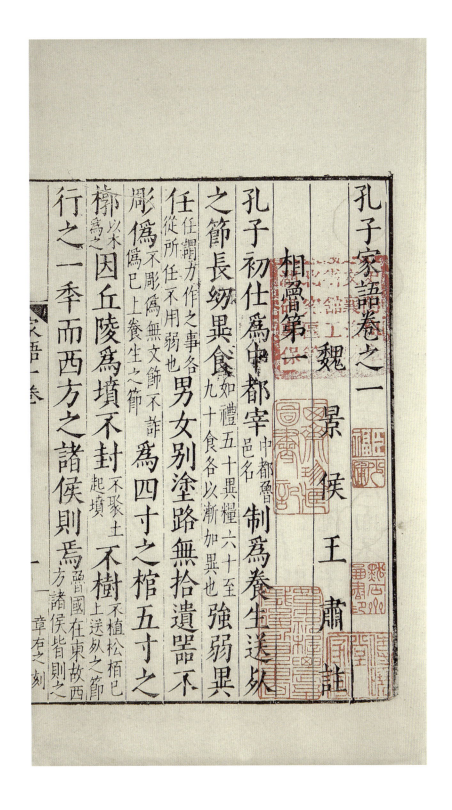

075. 孔子家语十卷　题（魏）王肃注　明隆庆六年（1572）徐祚锡刻本

开本高 26.4 厘米，宽 16.7 厘米。框高 19.2 厘米，宽 13.6 厘米。半叶九行，行十六字，小字双行二十二字，白口，左右双边。钤"传晓堂家藏""点石斋图书印""如皋祝穉农五十岁后所见书""少圃""臣福""西斋珍藏图书记""赵场吉印""慈荫堂图书印"等印。六册。襄阳市图书馆藏。

国家珍贵古籍名录编号：04403。

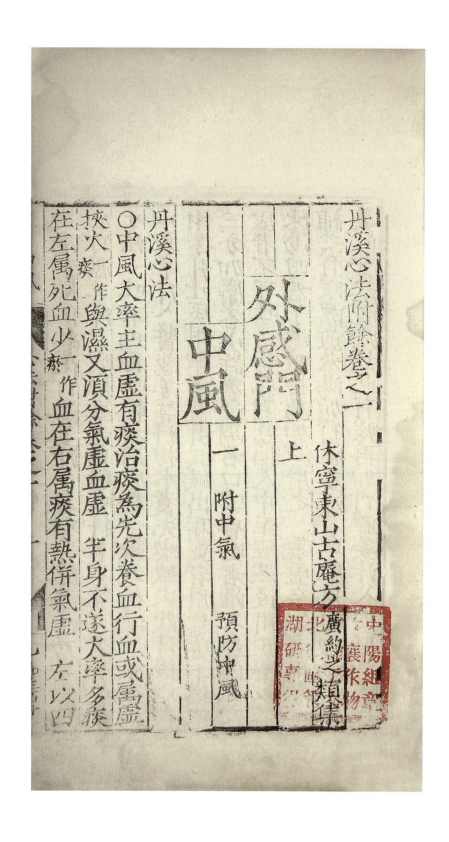

076. 丹溪心法附余二十四卷首一卷 （明）方广辑　明隆庆六年（1572）施笃臣刻本

开本高28.5厘米，宽18厘米。框高20.1厘米，宽13.8厘米。半叶十行，行二十二字，小字双行同，白口，四周单边。十册。襄阳市图书馆藏。

国家珍贵古籍名录编号：04587。

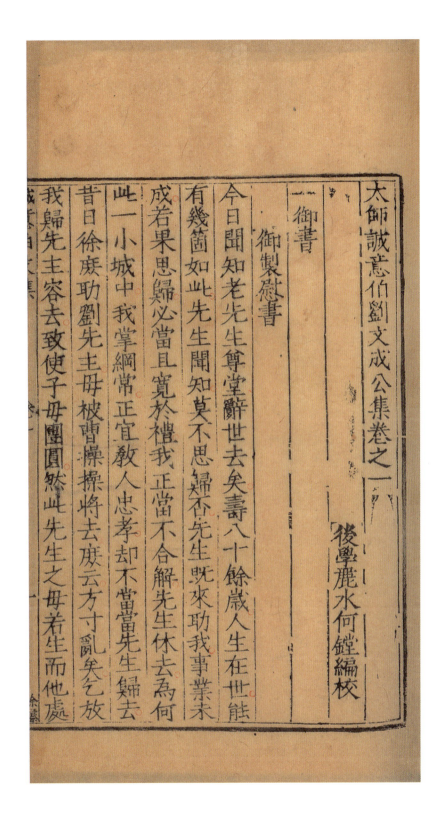

077. 太师诚意伯刘文成公集二十卷 （明）刘基撰 明隆庆六年（1572）谢廷
杰、陈烈刻本

开本高 27.8 厘米，宽 16.8 厘米。框高 20.5 厘米，宽 14.6 厘米。半叶十行，行二十三字，
白口，四周双边。九册。黄冈市图书馆藏。

国家珍贵古籍名录编号：05817。

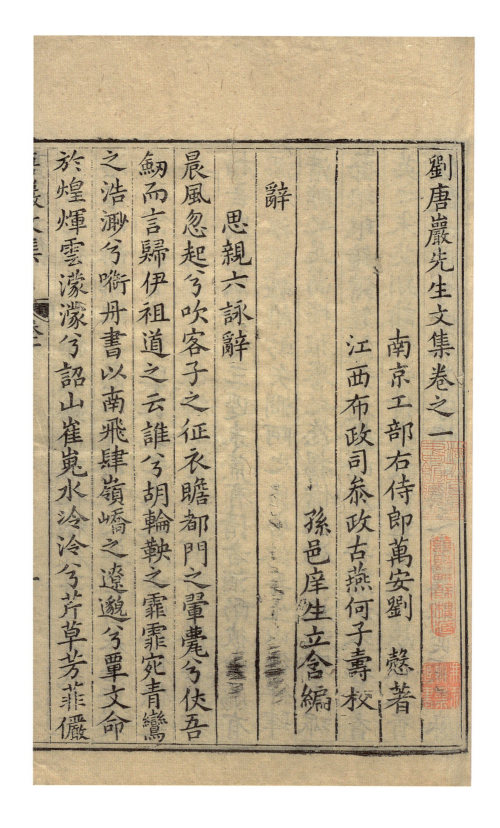

078. 刘唐岩先生文集八卷 （明）刘壹撰　明万历三年（1575）何子寿刻本

开本 25.9 厘米，宽 17.5 厘米。框高 21.1 厘米，宽 15.4 厘米。半叶十行，行二十字，白口，四周双边。钤"得一居珍藏印""冯氏辨斋藏书""慈溪畔余楼藏"印。三册。湖北省图书馆藏。

国家珍贵古籍名录编号：10804。

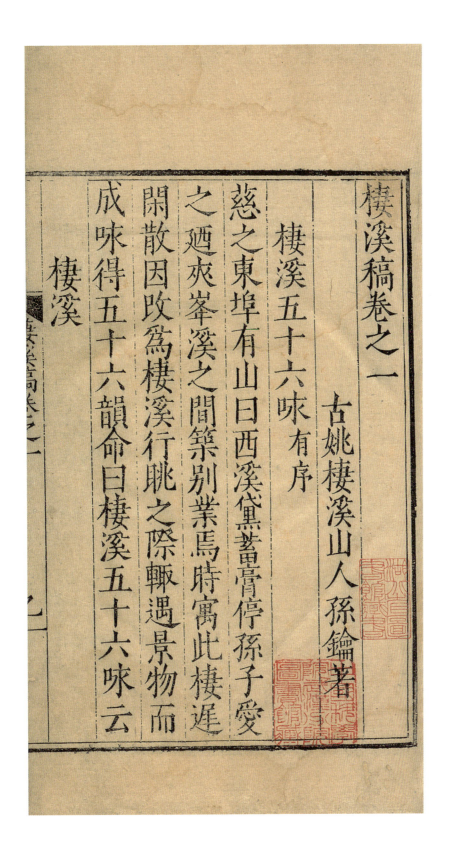

棲溪稿卷之一

　　古姚棲溪山人孫鑰著

棲溪五十六咏有序

慈之東埠有山曰西溪代黑蓄膏停孫子愛
之迺爽峯溪之間築別業焉時寓此棲迟
閒散因攺爲棲溪行眺之際輒遇景物而
成咏得五十六韻命曰棲溪五十六咏云

079. 棲溪稿八卷　（明）孫鑰撰　明万历七年（1579）孫应奎刻本

　　开本高 26.4 厘米，宽 16.1 厘米。框高 19.5 厘米，宽 13.7 厘米。半叶八行，行十六字，白口，四周双边。一册。湖北省图书馆藏。

　　国家珍贵古籍名录编号：06054。

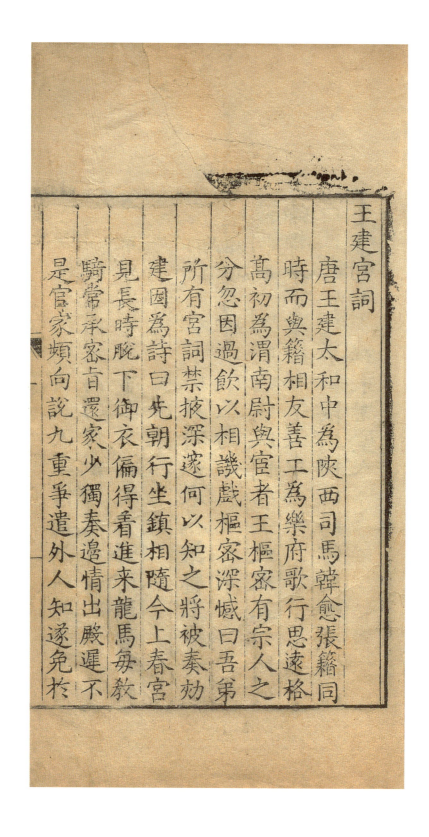

王建宮詞

唐王建太和中爲陝西司馬韓愈張籍同
時而與籍相友善工爲樂府歌行思遠格
萬初爲渭南尉與宦者王樞密有宗人之
分忽因過飲以相譏戲樞密深憾曰吾弟
所有宮詞禁披深邃何以知之將被奏劾
建因爲詩曰先朝行坐鎮相隨今上春宮
見長時脫下御衣偏得看進來龍馬每教
騎常承家少獨奏邊情出殿遲不
是官家頻向說九重爭遣外人知遂免於

080. **四家宫词四卷** （明）李良柱编　明万历七年（1579）李良柱刻本　徐恕批校

开本高25.9厘米，宽15.7厘米。框高17.6厘米，宽12.9厘米。半叶十行，行十八字，白口，左右双边。钤"徐恕读过"印。一册。湖北省图书馆藏。

国家珍贵古籍名录编号：09352。

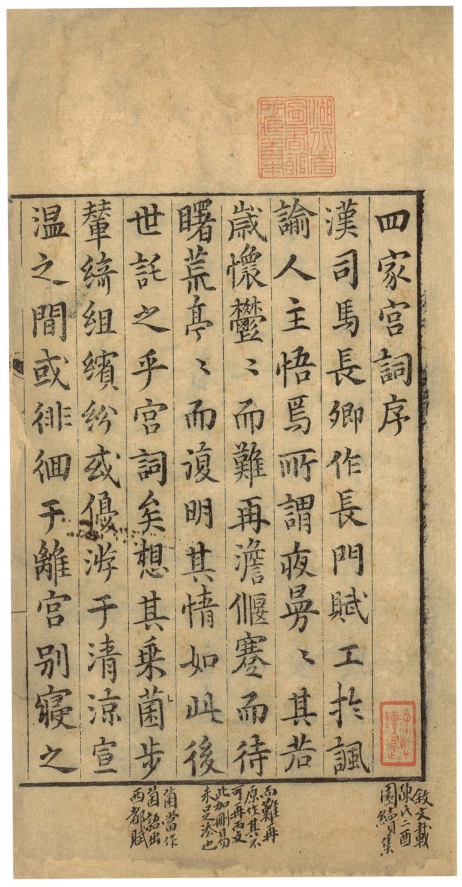

四家宮詞序

漢司馬長卿作長門賦工於諷

論人主悟焉而謂夜曼々其若

歲懷鬱々而難再澹偃蹇而待

曙荒亭々而復明其情如此後

世託之乎宮詞矣想其乘蘭步

輦綺組繽紛或優游于清涼宣

溫之間或徘徊于離宮別寢之

而難舟
原作其不
可再受
此加冊易
未足滋也

苛語當作
西都賦

鈙文載
陳氏二酉
圜緒棻

徐恕批

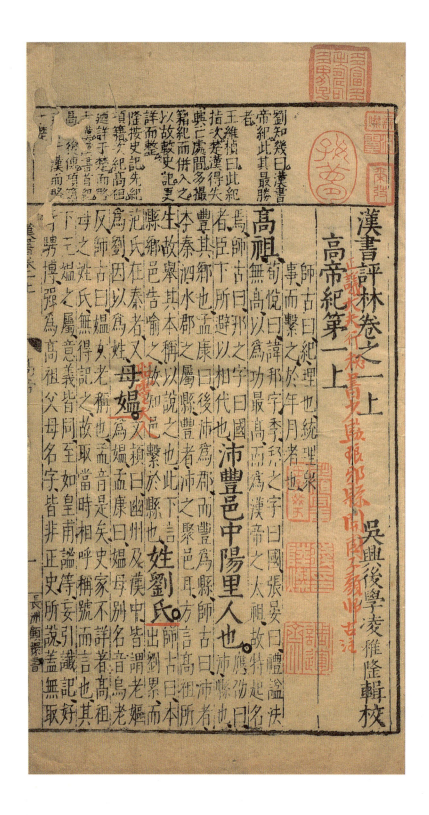

081. 汉书评林一百卷 （明）凌稚隆辑 明万历九年（1581）吴兴凌稚隆刻本 清钱陆灿批校并跋

开本高 28.5 厘米，宽 16.8 厘米。框高 24.2 厘米，宽 14.7 厘米。半叶十行，行二十字，小字双行同，白口，左右双边。钤"朱亮忠印""钱陆灿印""湘灵""调运斋""彭祖同庚壬子癸丑""铁牛道灿"等印。六十册。湖北省图书馆藏。

国家珍贵古籍名录编号：12491。

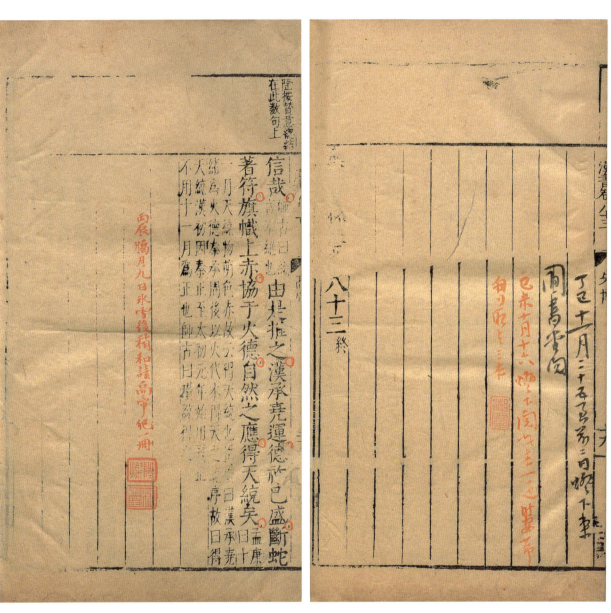

清钱陆灿跋

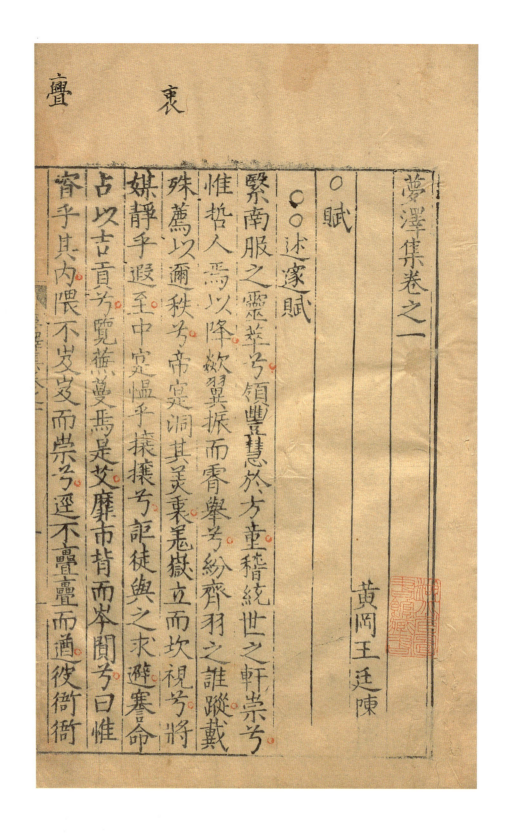

082. 梦泽集二十三卷 （明）王廷陈撰　明万历十八年（1590）王追伊刻三十年（1602）王追淳增修本〔四库底本〕清王家璧批校并跋

开本高27.3厘米，宽17.8厘米。框高20厘米，宽14.3厘米。半叶十行，行二十字，小字双行同，白口，左右双边。钤"翰林院印"（满汉合璧）印。八册。湖北省图书馆藏。

国家珍贵古籍名录编号：09185。

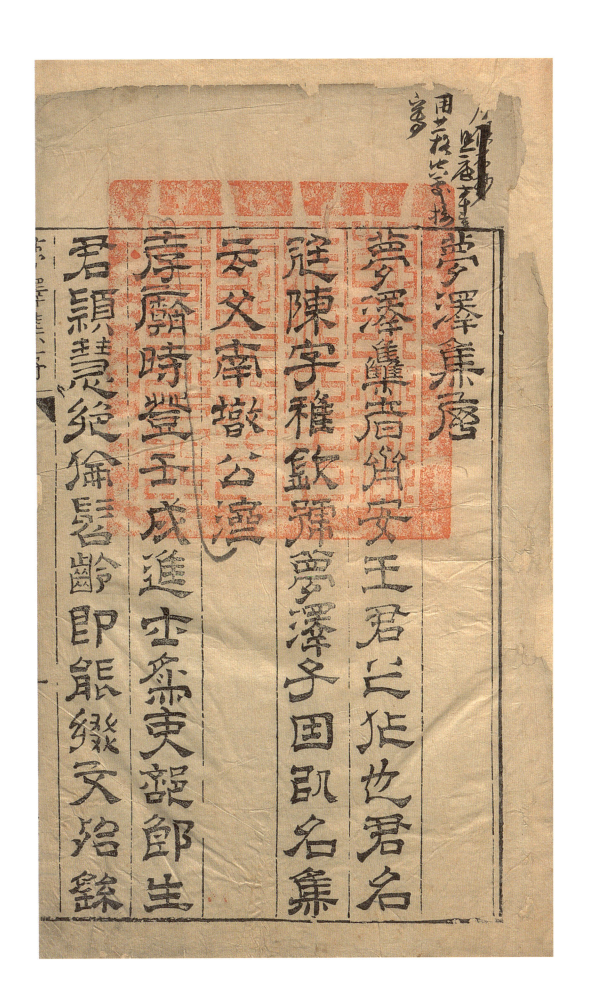

夢澤集序

夢澤集者吉州安王君之狂也君名
庭陳字稚欽彈夢澤予曰邜名集
云父南墩公渲
序嘯時登玉成進士兼吏部郎出
君顯慧絕倫髫齡即能綴文治録

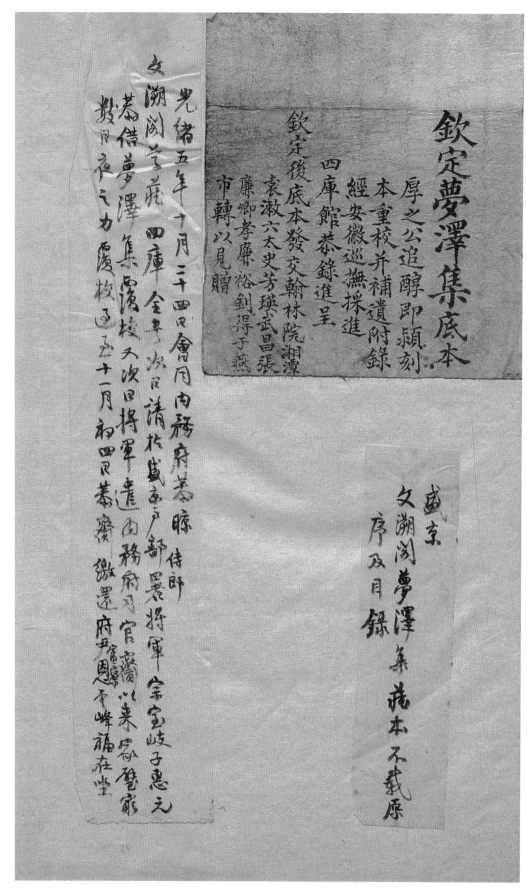

欽定夢澤集底本

厚之公追醇郎類刻
本重校并補遺附錄
經安徽巡撫採進
四庫館恭錄進呈

欽定後底本發交翰林院湘潭
袁漱六太史芳瑛武昌張
廉卿孝廉裕剑得于燕
市轉以見贈

盛京
文瀾閣夢澤集底本不載原
序及目錄

光緒五年十月二十四日會同內務府恭睹 侍郎
文瀾閣夢澤集 四庫全書次日諸北盛京戶部署將軍宗室岐子惠元
恭借夢澤集兩復校天次日將軍遣回內務府习官竇瀚以來寄鏖家
數日夜之力覆校過五十一月初四日恭賫 微還府因恩平峰福在坐

清王家璧跋

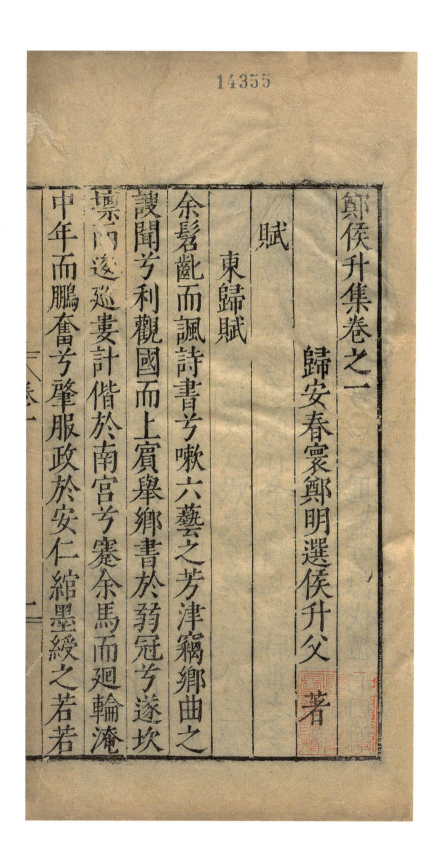

083. 郑侯升集四十卷 （明）郑明选撰　明万历三十一年（1603）郑文震刻本

开本高 27 厘米，宽 16.3 厘米。框高 20.1 厘米，宽 12.9 厘米。半叶八行，行十八字，白口，四周单边。十册。湖北省图书馆藏。

国家珍贵古籍名录编号：06142。

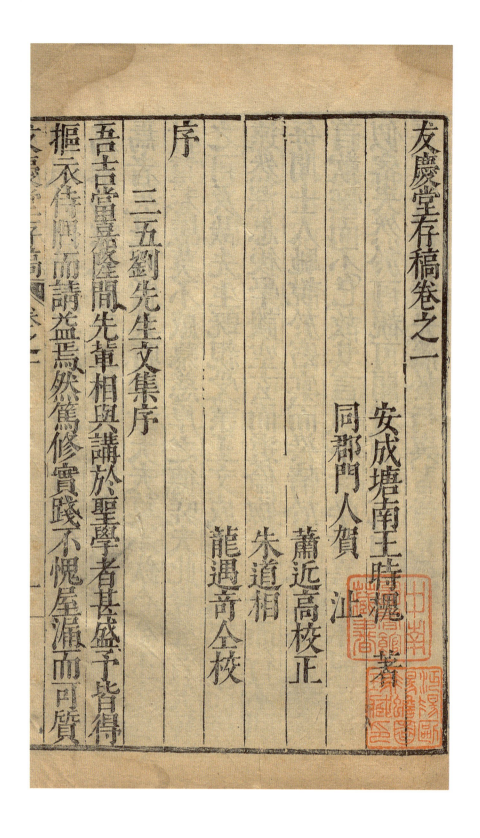

友慶堂存稿卷之一

安成塘南王時槐著

同郡門人賀　汪

蕭近高校正

朱道相

龍遇竒全校

序

三五劉先生文集序

吾士曰嘉隆間先輩相與講於聖學者其盛于𬜗首得

摳衣侍門牆而請益焉然篤修實踐不愧屋漏而𠕀質

084. 友庆堂存稿十四卷 （明）王时槐撰　明万历三十八年（1610）萧近高刻本　存十二卷（一至十二）

开本高25.8厘米，宽16.8厘米。框高22.1厘米，宽15.1厘米。半叶十行，行二十字，白口，四周单边。钤"沔阳欧阳蟾园珍藏印"印。存四册。湖北省图书馆藏。

国家珍贵古籍名录编号：06118。

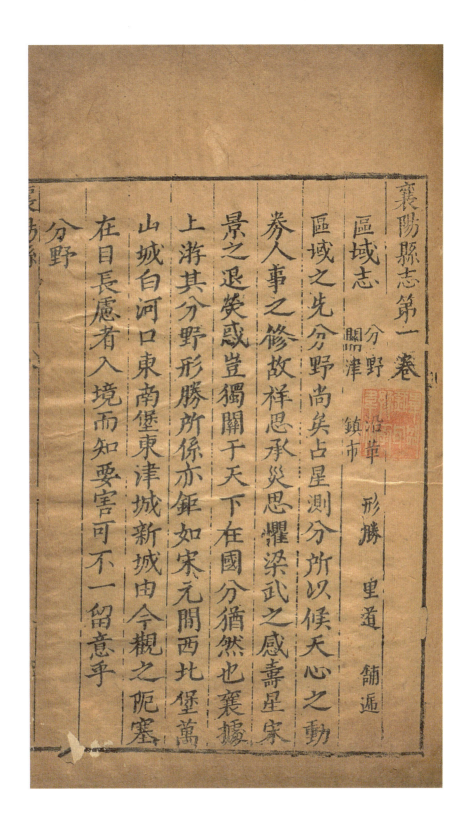

襄陽縣志第一卷

區域志 分野 沿革 形勝 里道 關津 鋪遞 鎮市

區域之先分野尚矣占星測分所以候天心之動

券人事之脩故祥思承災思耀梁武之感壽星家

景之退熒惑豈獨關于天下在國分猶然也襄據

上游其分野形勝所係亦鉅如宋元閒西北堡萬

山城白河口東南堡東津城新城由今觀之阨塞

在目長慮者入境而知要害可不一留意乎

分野

085.〔万历〕襄阳县志□□卷 （明）李思启 （明）王业浩纂修 （明）冯舜臣补辑 明万历四十五年（1617）刻本 存二卷（一、三）

开本高 26.6 厘米，宽 17.4 厘米。框高 20.2 厘米，宽 14.5 厘米。半叶九行，行二十字，小字双行同，白口，四周单边。钤"毕盛钜耳豫字韦仲"印。存二册。湖北省图书馆藏。

国家珍贵古籍名录编号：12572。

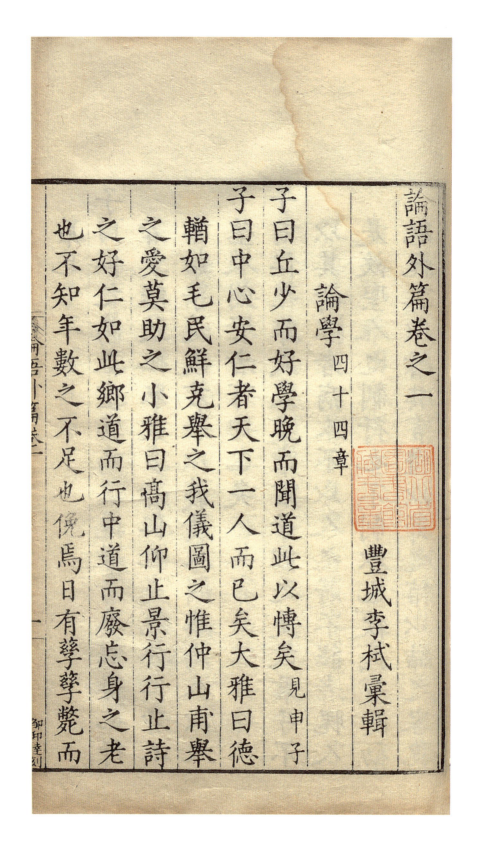

086. 论语外篇十八卷 （明）李栻撰　明万历刻本

开本高 26.8 厘米，宽 16.8 厘米。框高 20.2 厘米，宽 14.8 厘米。半叶九行，行十八字，白口，左右双边。八册。湖北省图书馆藏。

国家珍贵古籍名录编号：07392。

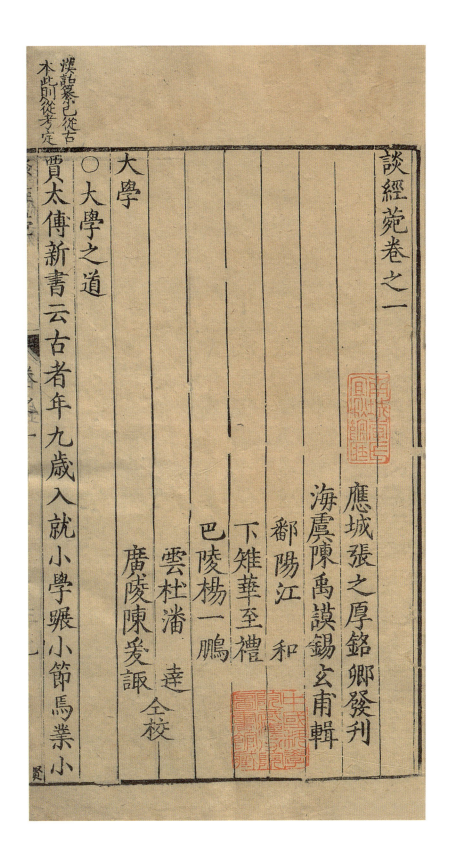

應城張之厚銘卿發刊

海虞陳禹謨錫玄甫輯

鄱陽江　和

下雉華至禮

巴陵楊一鵬

雲杜潘　達

廣陵陳爰諏　全校

○大學之道

大學

賈太傅新書云古者年九歲入就小學履小節焉業小

漢記纂已從古

本此則從考定

087. 谈经菀四十卷　（明）陈禹谟辑　明万历张之厚刻本

开本高 28.4 厘米，宽 16.8 厘米。框高 23.3 厘米，宽 15 厘米。半叶十行，行二十一字，白口，左右双边。钤"南城李氏宜秋馆藏"等印。二十册。湖北省图书馆藏。

国家珍贵古籍名录编号：07415。

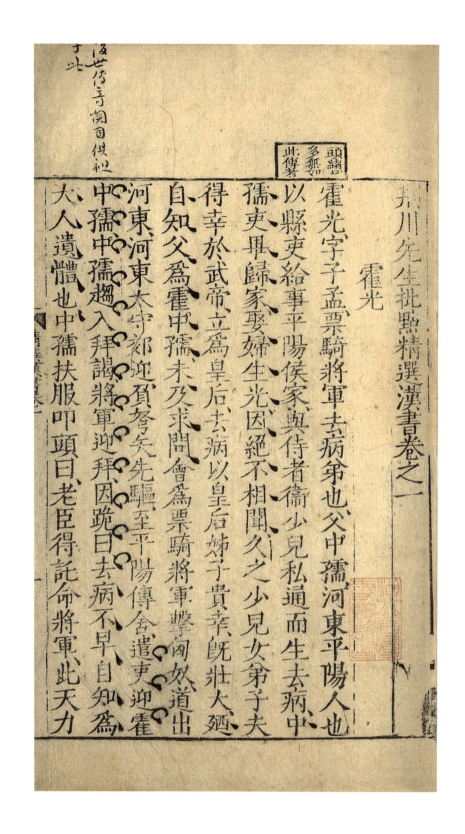

088. 荆川先生批点精选汉书六卷 （明）唐顺之辑　明万历刻本　清钱坫批点并题识　清张廷济题识　存五卷（一、三至六）

开本高24.6厘米，宽15.3厘米。框高18.5厘米，宽13.6厘米。半叶十行，行二十二字，白口，四周单边。钤"钱坫之印""十兰""张叔未""廷济"印。存四册。湖北省图书馆藏。

国家珍贵古籍名录编号：04084。

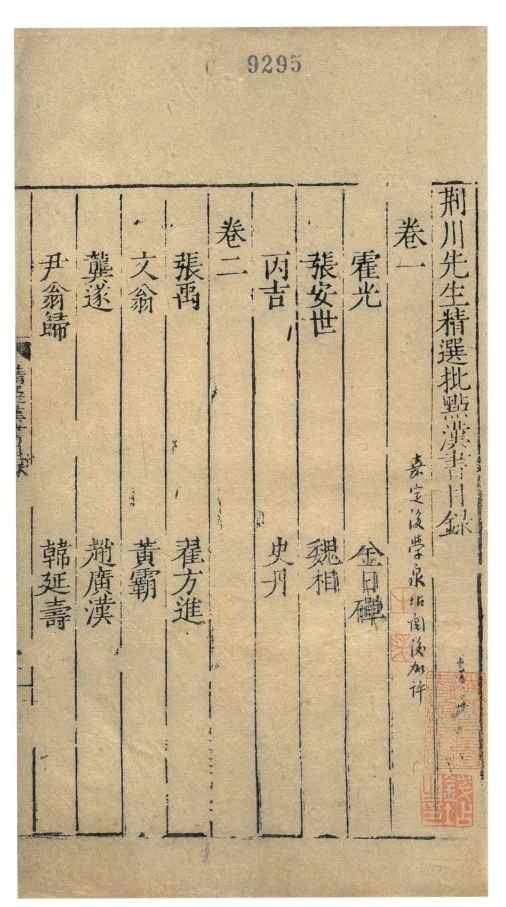

9295

清张廷济题识

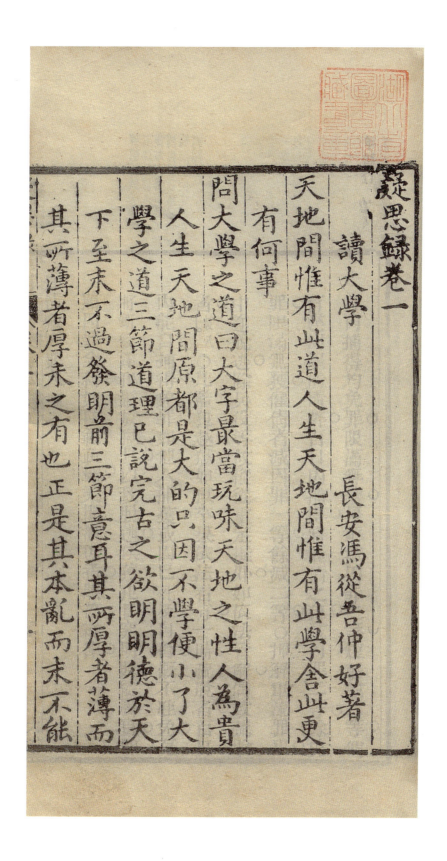

089. 疑思录六卷 （明）冯从吾撰　明万历武用望等刻本

开本高 24.8 厘米，宽 15.1 厘米。框高 18.8 厘米，宽 13 厘米。半叶九行，行十九字，白口，四周单边。六册。湖北省图书馆藏。

国家珍贵古籍名录编号：07414。

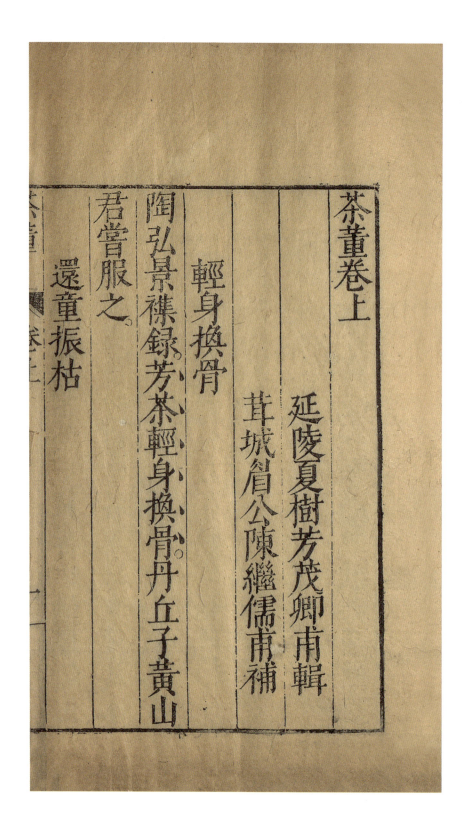

茶董卷上

延陵夏樹芳茂卿甫輯

茸城眉公陳繼儒甫補

輕身換骨

陶弘景襍録芳茶輕身換骨丹丘子黃山

君嘗服之。

還童振枯

090. **茶董二卷酒颠二卷** （明）夏树芳辑　**茶董补二卷酒颠补三卷** （明）
陈继儒辑　明万历刻本

开本高25.5厘米，宽16.7厘米。框高18.5厘米，宽12.3厘米。半叶七行，行十六字，
白口，四周单边。钤"薛乔年印""江左薛桓"印。四册。黄冈市图书馆藏。

国家珍贵古籍名录编号：08486。

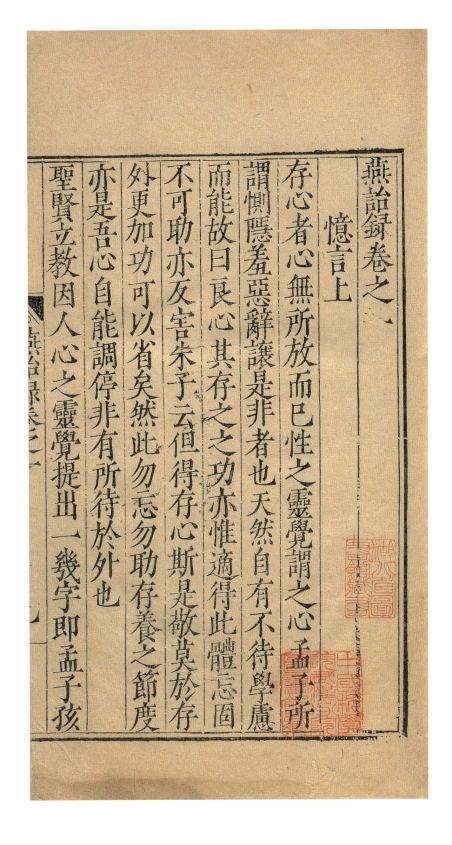

091. 燕诒录十三卷 （明）孙应奎撰　明万历刻本

开本高 26.5 厘米，宽 16 厘米。框高 20.3 厘米，宽 13.5 厘米。半叶九行，行十九字，白口，四周双边。八册。湖北省图书馆藏。

国家珍贵古籍名录编号：06094。

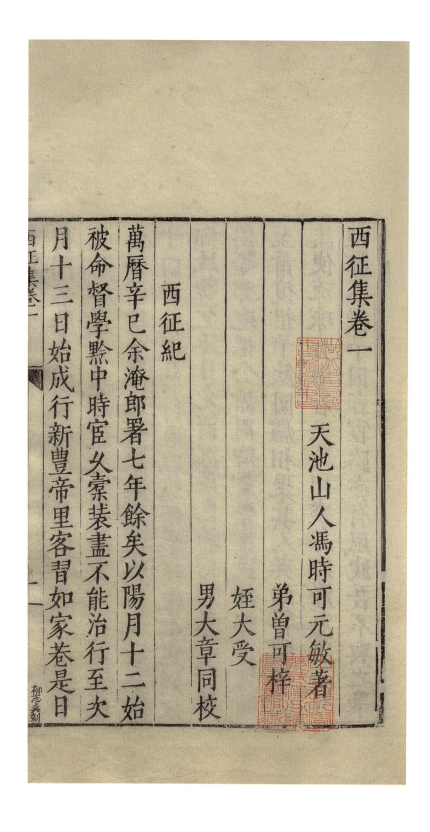

092. 西征集十卷冯文所诗稿三卷黔中语录一卷续语录一卷黔中程式一卷 （明）冯时可撰　明万历冯曾可刻本

开本高28.7厘米，宽17.9厘米。框高19.4厘米，宽14.1厘米。半叶九行，行十八字，小字双行同，白口，左右双边。八册。湖北省图书馆藏。

国家珍贵古籍名录编号：06135。

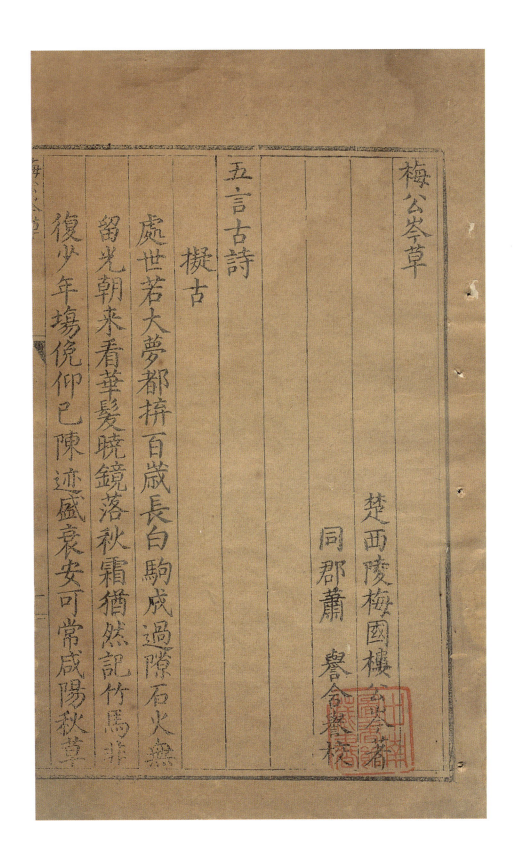

梅公岑草

五言古詩

楚西陵梅國樓

同郡蕭　譽

擬古

處世若大夢都摒百歲長白駒成過隙石火無

留光朝來看華髮曉鏡落秋霜猶然記竹馬非

復少年塲俛仰已陳迹盛衰安可常咸陽秋草

093. 梅公岑草不分卷　（明）梅国楼撰　明万历刻本

　　开本高 26.5 厘米，宽 16.2 厘米。框高 21.7 厘米，宽 14.8 厘米。半叶九行，行二十字，白口，四周双边。一册。湖北省图书馆藏。

　　国家珍贵古籍名录编号：09248。

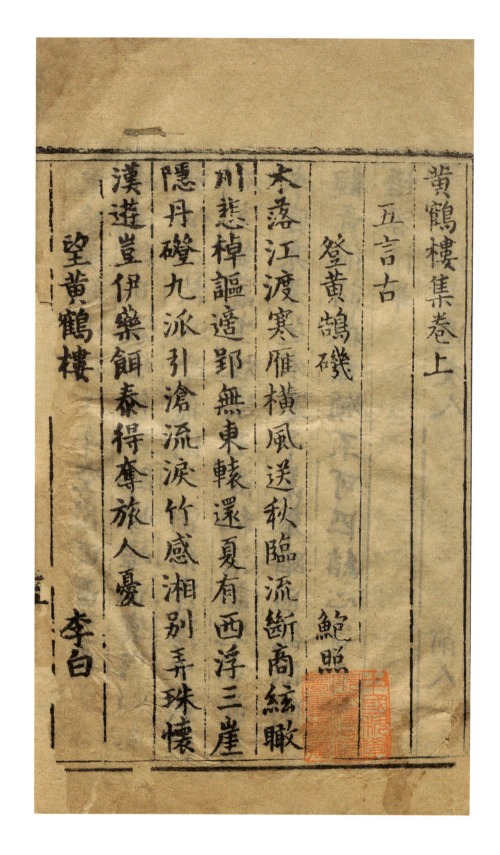

094. 黄鹤楼集三卷 （明）孙承荣纂辑　明万历武昌府刻本

开本高 25.4 厘米，宽 16.8 厘米。框高 20 厘米，宽 14.9 厘米。半叶八行，行十六字，小字双行同，白口，四周双边。钤"曾归徐氏彊邨"等印。四册。湖北省图书馆藏。

国家珍贵古籍名录编号：06587。

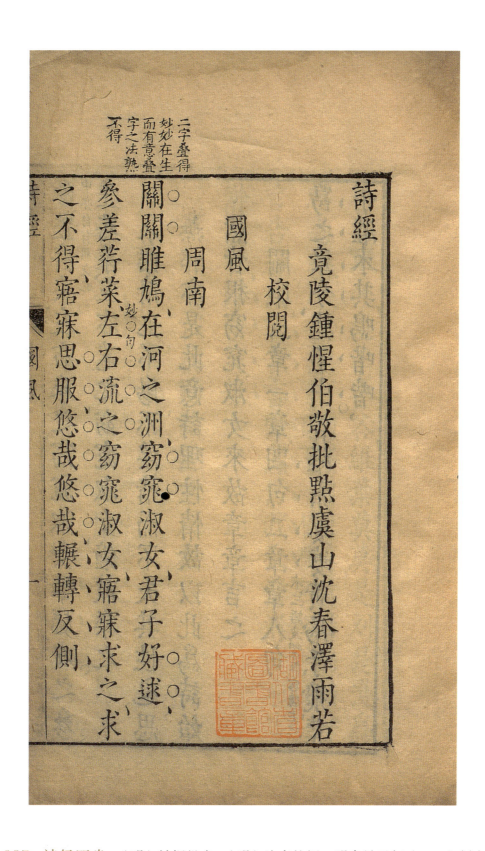

095. 诗经四卷 （明）钟惺批点 （明）沈春校阅 明泰昌元年（1620）刻本 明程伸之题识

开本高25.6厘米，宽16.2厘米。框高19.3厘米，宽12.4厘米。半叶八行，行十七字，白口，四周单边。钤"伸之""中傅""从申之印"印。二册。湖北省图书馆藏。

国家珍贵古籍名录编号：01321。

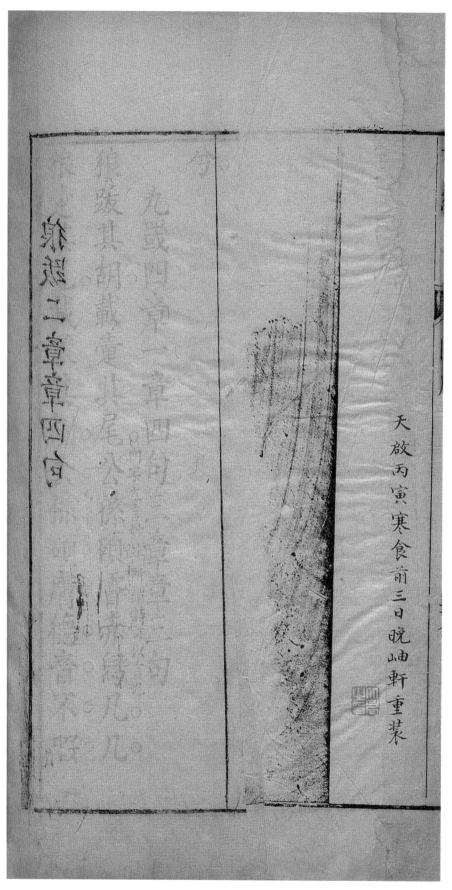

明程伸之题识

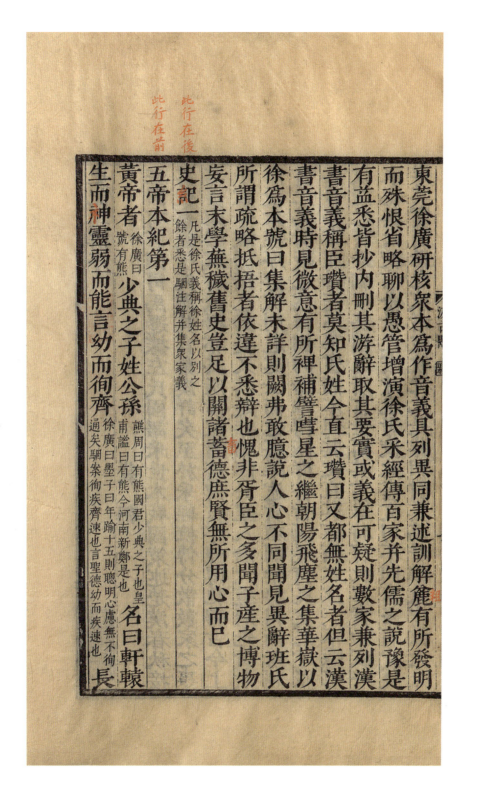

096. 史记一百三十卷　（汉）司马迁撰　（南朝宋）裴骃集解　明崇祯十四年
（1641）毛氏汲古阁刻本　清黄丕烈校跋（清佚名代校）　清王芑孙跋
　　开本高29.7厘米，宽20厘米。框高22厘米，宽15.4厘米。半叶十二行，行二十五字，
小字双行三十七字，白口，左右双边。钤"复翁""王芑孙""王铁夫阅过""惕甫经眼""徐
恕私印"等印。十册。湖北省图书馆藏。
　　国家珍贵古籍名录编号：12487。

143

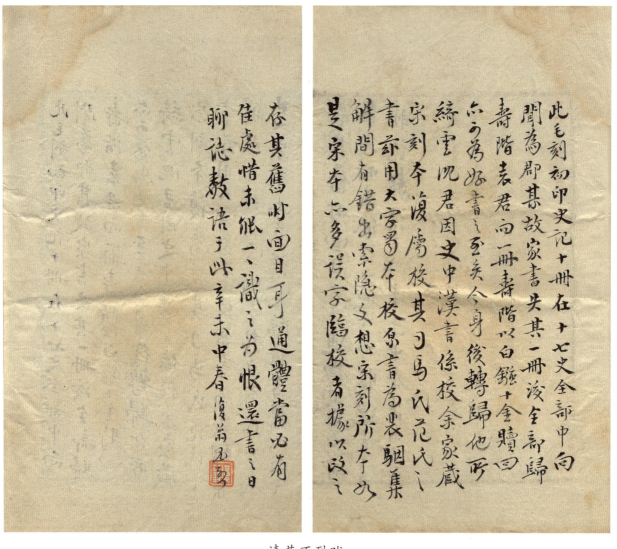

清黄丕烈跋

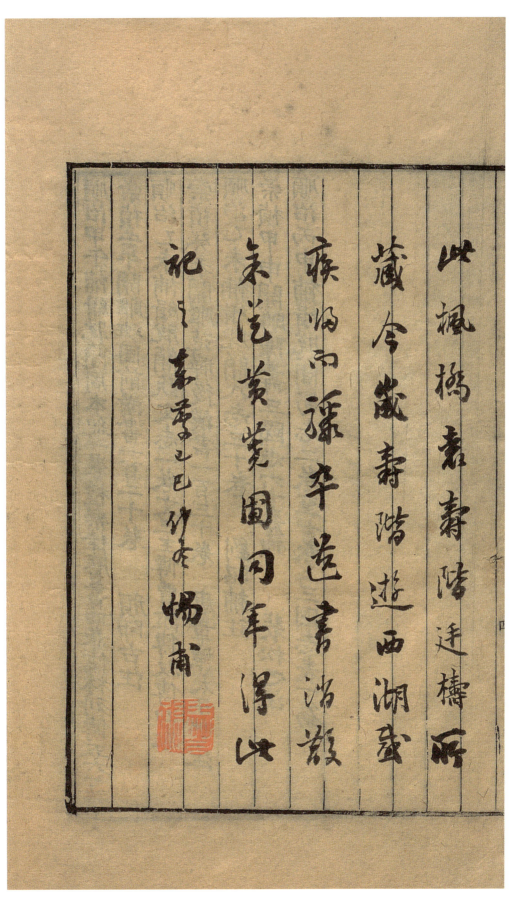

此楓橋書屋階遷樣所
藏今歲壽階遊西湖登
疾愧而孫卒遠書泚散
朱泥黃瓷圖同年得此
記之嘉慶乙巳仲冬暢甫

清王芑孫跋

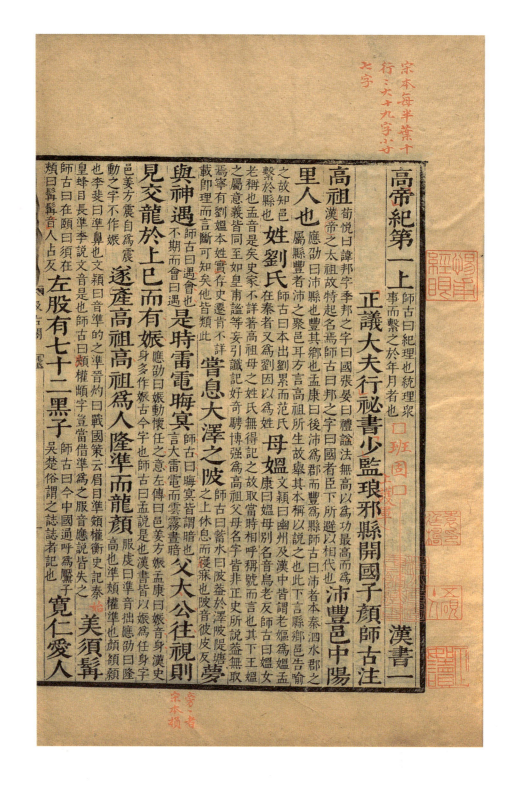

097. 汉书一百卷 （汉）班固撰 （唐）颜师古注 明崇祯十五年（1642）毛氏汲古阁刻本 清袁廷梼校跋并录清顾广圻校跋 清王芑孙跋 清段玉裁批

开本高29.5厘米，宽20厘米。框高22厘米，宽15.4厘米。半叶十二行，行二十五字，小字双行三十七字，白口，左右双边。钤"袁廷梼印""袁又恺藏书""王铁夫阅过""曾在云间啸园沈氏""沈慈印记十峰鉴藏""沈恕""徐恕私印"等印。十四册。湖北省图书馆藏。

国家珍贵古籍名录编号：12490。

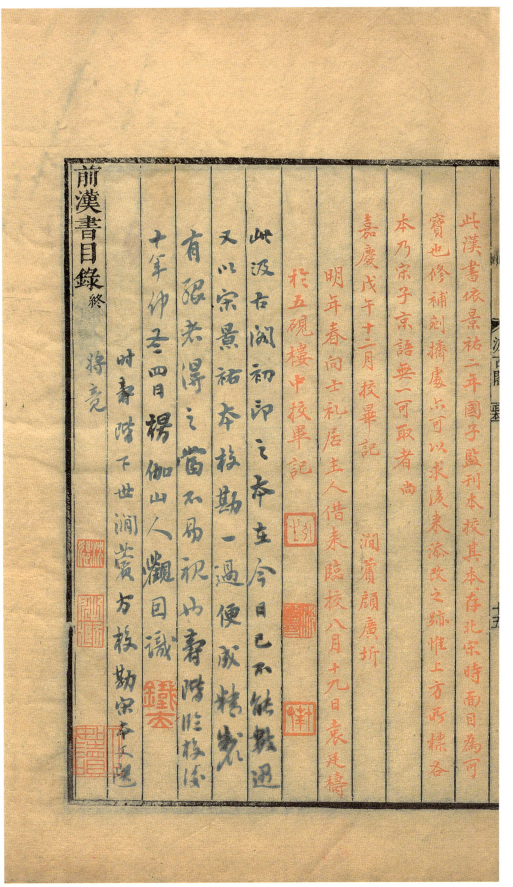

此漢書依景祐二年國子監刊本校其本存北宋時面目為可

寶也修補剜擠慶元可以求後來添改之跡惟上方所標各

本乃宗子京語無一可取者尚

嘉慶戊午十二月校畢記　澗薲顧廣圻

明年春向士礼居主人借來臨校八月十九日袁廷檮

於五硯樓中校畢記

此汲古閣初印之本至今日已不能數遇

又以宋景祐本校勘一過便成糟粕矣

有眼來得之當不易視山壽附於後

十年卯季四日　楊伽山人觀日識　鑛本

附壽隲下世澗薲方校勘宋本上謂

前漢書目錄　終

　將克

清王芑孙跋　　　　清袁廷梼跋并录清顾广圻跋

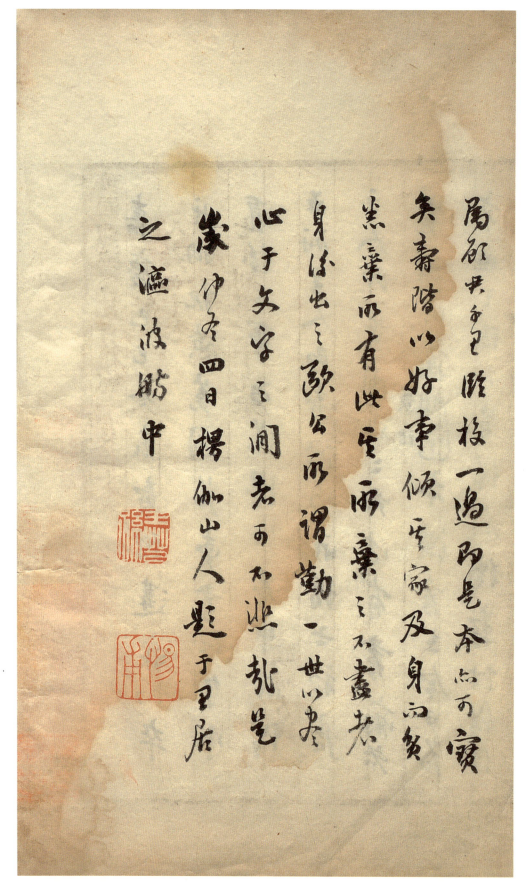

清王芑孙跋

光武帝紀第一上

後漢書一上　唐章懷太子賢注

世祖光武皇帝諱秀字文叔〔禮祖有功而宗有德光武中興故廟稱世祖諡法能紹前業曰光克定禍亂曰武伏侯古今注曰武之字曰茂〕南陽蔡陽人〔南陽郡今鄧州縣也蔡陽縣西南〕高祖九世之孫也出自景帝生長沙定王發〔長沙郡今潭州縣也〕發生舂陵節侯買〔春陵鄉名本屬零陵〕買生鬱林太守外〔鬱林郡今郡守泰官〕外生鉅鹿都尉回〔鉅鹿郡今邢州縣也前書曰都尉本郡尉泰官〕回生南頓令欽〔南頓縣屬汝南郡故城在今陳州項城縣西前書曰令長秦官〕欽生光武〔戶呂上為令秩千石至六百石不滿萬戶為長秩五百石至三百石〕光武年九歲而孤養於叔父良身長七尺三寸美須眉大口隆準日角〔隆高也許負云鼻頭為準鄭玄尚書中候注云日角謂庭中骨起狀如日〕性勤於稼穡〔種曰稼斂曰穡〕而兄伯升好俠養士常非笑光武事田業比之高祖兄仲〔仲高祖兄也東觀記曰受尚書於中大夫盧江許子威資用之與同舍生韓〕王莽天鳳中年改為天鳳酒之長安受尚書略通大義

---

098. 后汉书九十卷　（南朝宋）范晔撰　（唐）李贤注　**志三十卷**　（晋）司马彪撰　（南朝梁）刘昭注　明崇祯十六年（1643）毛氏汲古阁刻本　清黄丕烈校跋（清陆损之代校）

开本高29.5厘米，宽20厘米。框高22厘米，宽15.4厘米。半叶十二行，行二十五字，小字双行三十七字，白口，左右双边。钤"黄丕烈印"等印。十三册。湖北省图书馆藏。

国家珍贵古籍名录编号：12493。

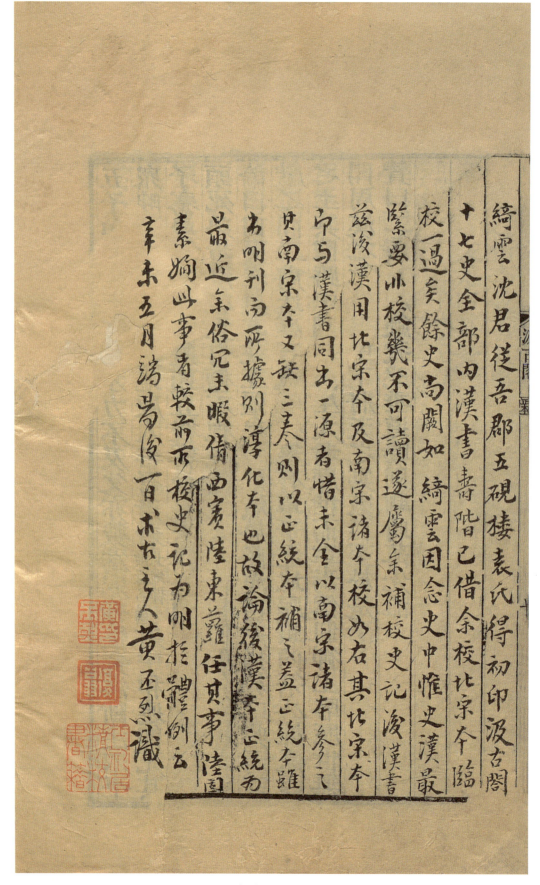

綺雲沈君徙吾郡五硯樓袁氏得初印汲古閣
十七史全部内漢書壽階己借余校北宋本臨
校一過矣餘史高閣如綺雲因念史中惟史漢最
緊要小校幾不可讀遂屬蜀象補校史記後漢書
茲後漢用此宋本及南宋諸本校於右其北宋本
印与漢書同出一源者惜未全以南宋諸本參之
貝南宋本又缺三卷則以正統本補之益正統雖
为明刊而所擴別淳化本巳故論發漢本正統而
嚴近余俗冗未暇倩西賓陸東蘿任貝事陸圖
素嫺此事者較前所校史記為明於體例云
辛未五月蕘翁黃丕烈識

清黄丕烈跋

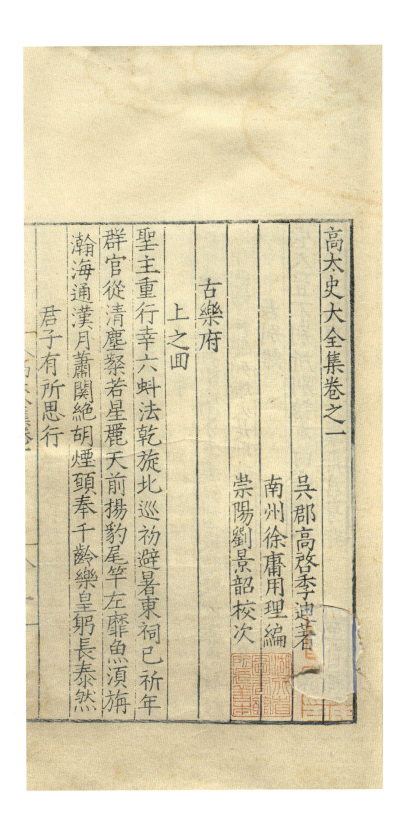

高太史大全集卷之一

　　　吳郡高啓季迪著

　　南州徐庸用理編

崇陽劉景韶校次

古樂府

　　上之回

聖主重行幸六蜺法乾旋北巡礽避暑東祠巳祈年

群官從清塵縈若星羆天前揚豹尾竿左靡魚潝㫋

瀚海通漢月蕭關絕胡煙頭奉千齡樂皇躬長泰然

君子有所思行

　　099. 高太史大全集十八卷　（明）高启撰　（明）徐庸编　明嘉靖刻蓝印本（卷十至十二配抄本）

　　开本高 28.4 厘米，宽 16.4 厘米。框高 19.1 厘米，宽 13 厘米。半叶十行，行二十字，白口，四周单边。钤"春霆印信"印。八册。湖北省图书馆藏。

　　国家珍贵古籍名录编号：02092。

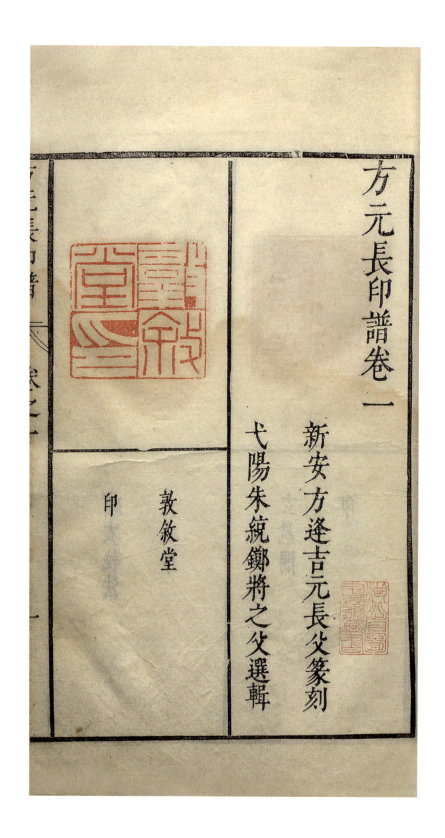

100. 方元长印谱五卷 （明）方逢吉篆刻 （明）朱统镎辑 明万历四十八年（1620）刻钤印本

开本高27.5厘米，宽17.1厘米。框高21.6厘米，宽14.3厘米。每叶四至八印，白口，四周单边。钤"衡平""雍克钧印""一床书""徐恕"等印。二册。湖北省图书馆藏。

国家珍贵古籍名录编号：01845。

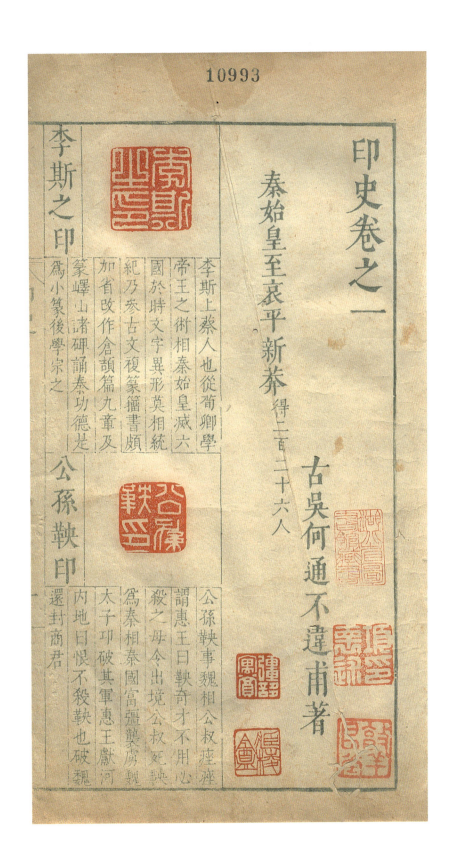

101. 印史五卷 （明）何通撰　明天启刻钤印本

开本高27.6厘米，宽16.3厘米。框高23.9厘米，宽13.5厘米。每叶四印，白口，四周单边。钤"敦艮堂""项怀述印""藏棱盦"等印。五册。湖北省图书馆藏。

国家珍贵古籍名录编号：04693。

史記鈔卷之一

維昔黃帝法天則地四聖遵序各成法度唐堯遜
位虞舜不台厥美帝功萬世載之作五帝本紀第
一
黃帝者少典之子姓公孫名曰軒轅生而神靈弱
而能言幼而徇齊長而敦敏成而聰明軒轅之時
神農氏世衰諸矦相侵伐暴虐百姓而神農氏弗
能征於是軒轅乃習用干戈以征不享諸矦咸來
賓從而蚩尤最爲暴莫能伐炎帝欲侵陵諸矦諸

史記　卷一　五帝

音怡悅也

世遠頗無事實但本諸子儒以意彷彿寫未然雅潤近經亦有蘭法　文雪

102. 史记钞九十一卷　（明）茅坤辑　明泰昌元年（1620）闵振业刻朱墨套印本
开本高26.7厘米，宽17.3厘米。框高20.8厘米，宽14.8厘米。半叶九行，行十九字，
白口，左右双边。钤"幼陶藏金石文字之印"印。二十四册。湖北省图书馆藏。
国家珍贵古籍名录编号：04049。

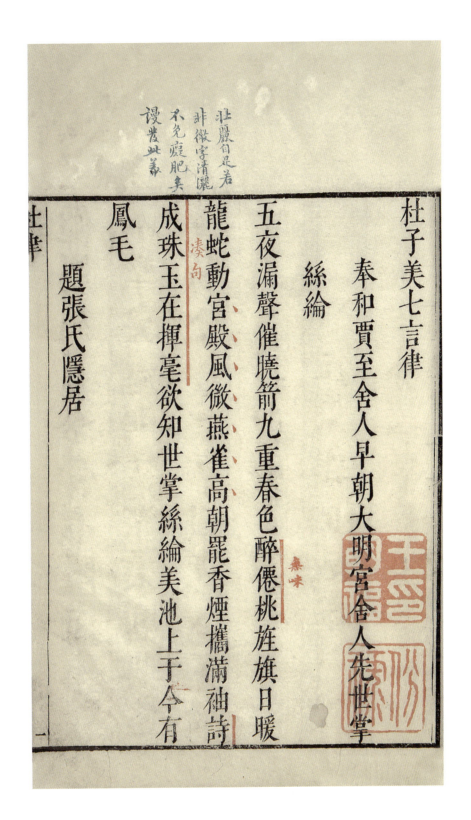

103. 杜工部七言律诗不分卷 （唐）杜甫撰 （明）郭正域批点　明闵齐伋刻三色套印本

开本高27.4厘米，宽17.6厘米。框高20.6厘米，宽15.4厘米。半叶八行，行十八字，白口，左右双边。钤"份禄""王明福印"印。八册。襄阳市图书馆藏。

国家珍贵古籍名录编号：05254。

茅鹿門曰東坡試論欠字誠楊碗宏揚屋中極利省也

蘇文卷之一

刑賞忠厚之至　省武以來坡所作時論也天才燦然自不可及

堯舜禹湯文武成康之際何其愛民之深憂民之
切而待天下以君子長者之道也有一善從而賞
之又從而詠歌嗟歎之所以樂其始而勉其終有
一不善從而罰之又從而哀矜懲創之所以棄其
舊而開其新故其吁俞之聲歡休慘戚見于虞夏
商周之書成康既沒穆王立而周道始衰然猶命
其臣呂侯而告之以祥刑其言憂而不傷威而不

東坡　卷一　一

104. 苏文六卷　（宋）苏轼撰　（明）茅坤等评　明闵尔容刻三色套印本

开本高 26.2 厘米，宽 17 厘米。框高 20.3 厘米，宽 14.6 厘米。半叶九行，行十九字，小字双行同，白口，四周单边。钤"息影山人珍藏""春霆印信"印。十二册。湖北省图书馆藏。

国家珍贵古籍名录编号：05592。

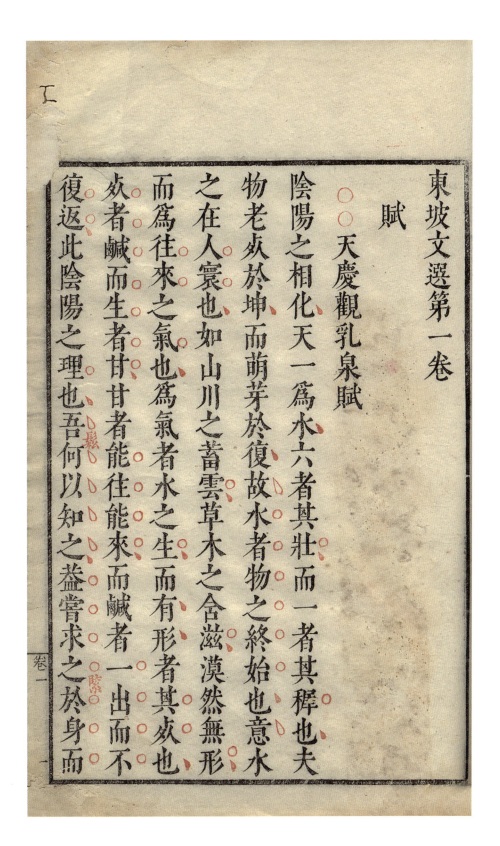

東坡文選第一卷

賦

○○天慶觀乳泉賦

陰陽之相化天一爲水六者其壯而一者其穉也夫物老衰於坤而萌芽於復故水者物之終始也意水之在人寰也如山川之蓄雲草木之含滋漠然無形而爲往來之氣也爲氣者水之生而有形者其衰也衆者鹹而生者甘甘者能往來能來而鹹者一出而不復返此陰陽之理也吾何以知之蓋嘗求之於身而

卷一 一

105. 东坡文选二十卷 （宋）苏轼撰 （明）钟惺辑并评 明闵氏刻朱墨套印本

开本高 26.2 厘米，宽 17.3 厘米。框高 20.9 厘米，宽 15.4 厘米。半叶九行，行二十字，白口，四周单边。十二册。武汉大学图书馆藏。

国家珍贵古籍名录编号：05605。 157

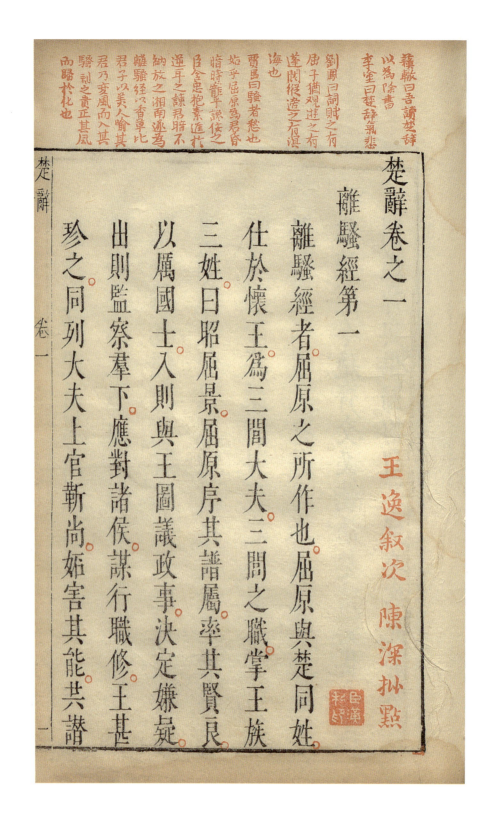

106. **楚辞十七卷** （宋）洪兴祖 （明）刘凤等注 （明）陈深批点 **附录一卷** 明万历二十八年（1600）凌毓柟刻朱墨套印本

开本高27.1厘米，宽18.1厘米。框高21.8厘米，宽14.8厘米。半叶八行，行十八字，白口，四周单边。钤"金季子添莱氏""潢""臣潢读过"等印。四册。湖北省图书馆藏。

国家珍贵古籍名录编号：05054。

劉會孟曰世
說所載多無
識語然皆今
人所有立則
古意不可謂
無故自余可
麻耳

世說新語

德行

陳仲舉言為士則行為世範登車攬轡有澄清
天下之志　汝南先賢傳曰陳蕃字仲舉汝南平
　　　　　　輿人有室荒蕪不掃除曰大丈夫當
為國家掃天下之未閣豎用事外戚豪
横及拜太傅與大將軍竇武謀誅諸所
害為豫章太守　海內先賢傳曰蕃為尚書以忠
　　　　　　　正忤貴戚不得在臺遷豫章太
守至便問徐孺子所在欲先看之曰　謝承後漢書
　　　　　　　　　　　　　　　　徐穉字孺
子豫章南昌人清妙高時超世絕俗前後為諸
公所辟雖不就及其死萬里赴弔常預炙雞一

世說卷一　　　　　　　　　　　　德行　　一

107. 世说新语六卷 （南朝宋）刘义庆撰 （南朝梁）刘孝标注 （宋）刘辰翁 （宋）刘应登 （明）王世懋评　明凌瀛初刻四色套印本

开本高27.9厘米，宽18.2厘米。框高21.2厘米，宽14.6厘米。半叶八行，行十八字，小字双行同，白口，四周单边。十二册。湖北省图书馆藏。

国家珍贵古籍名录编号：08535。

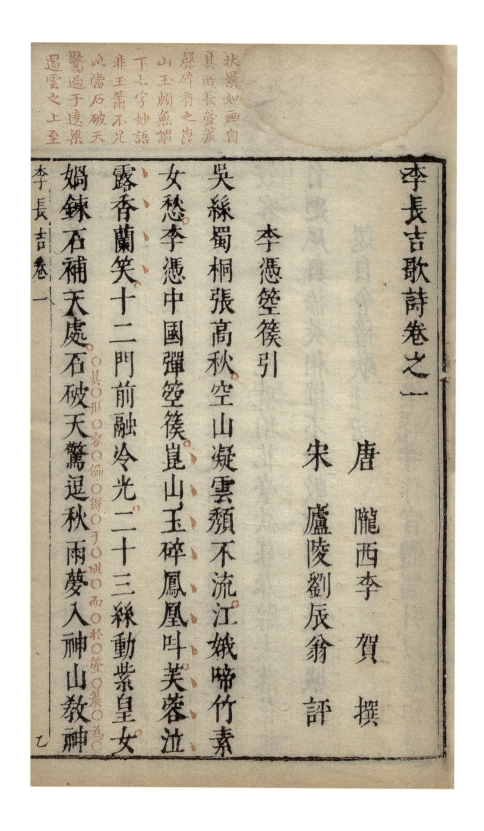

108. **李长吉歌诗四卷外诗集一卷** （唐）李贺撰 （宋）刘辰翁评 明凌濛初刻朱墨套印本

开本高25.7厘米，宽16.6厘米。框高20.5厘米，宽14.9厘米。半叶八行，行十九字，白口，左右双边。钤"石泉藏书"印。二册。湖北省图书馆藏。

国家珍贵古籍名录编号：05283。

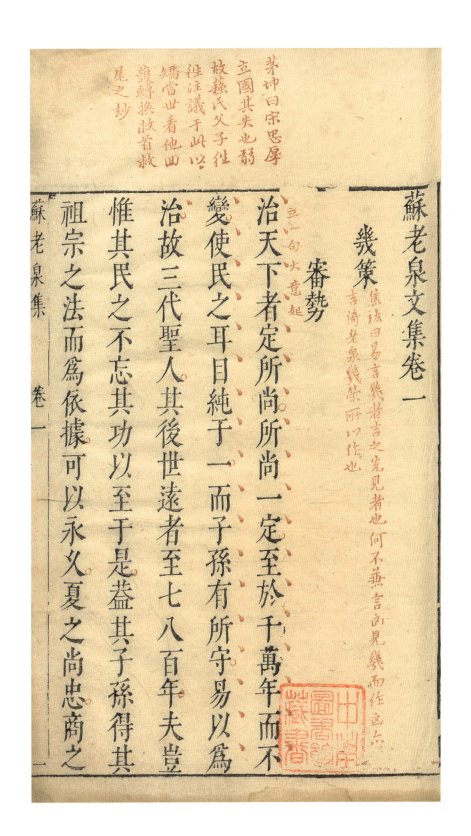

蘇老泉文集卷一

幾策

焦竑曰易言幾者吉之先見者也何不蕊言函見幾而作也

審勢

吉倚老泉幾策附以作也

立一句大意起

治天下者定所尚一定於千萬年而不

變使民之耳目純于一而子孫有所守易以爲

治故三代聖人其後世遠者至于七八百年夫豈

惟其民之不忘其功以至于是蓋其子孫得其

祖宗之法而爲依據可以永又夏之尚忠商之

蘇老泉集 卷一 一

茅坤曰宋思厚
立國其夫此韻
故藉氏父子往
往注議于此以
嬌當此看他四
誰轉換故省故
屍之妙

109. 苏老泉文集十三卷 （宋）苏洵撰 （明）茅坤 （明）焦竑等评 明凌濛初
刻朱墨套印本 存十二卷（一至十二）

开本高25.8厘米，宽17.4厘米。框高20厘米，宽14.5厘米。半叶八行，行十八字，
白口，四周单边。钤"青华阁"印。存六册。湖北省图书馆藏。

国家珍贵古籍名录编号：05546。

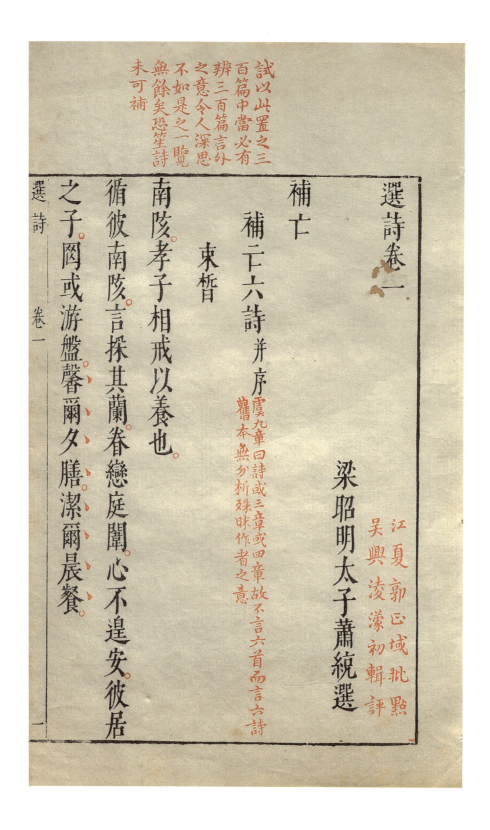

選詩卷一

梁昭明太子蕭統選

江夏郭正域批點
吳興凌濛初輯評

補亡

補亡六詩并序

束皙

覈九章曰詩或三章或四章故不言六首而言六詩
舊本無分析殊昧作者之意

試以此置之三
百篇中當必有
辨三百篇言外
之意令人深思
不如是之一覽
無餘矣恐笙詩
未可補

南陔孝子相戒以養也

循彼南陔言採其蘭眷戀庭闈心不遑安彼居

之子罔或游盤馨爾夕膳潔爾晨餐

選詩
卷一

一

110. 选诗七卷诗人世次爵里一卷　（南朝梁）萧统辑　（明）郭正域评点　（明）凌濛初辑评　明凌濛初刻朱墨套印本

开本高27.1厘米，宽18厘米。框高20.6厘米，宽14.8厘米。半叶八行，行十八字，小字双行同，白口，四周单边。十一册。湖北省图书馆藏。

国家珍贵古籍名录编号：06256。

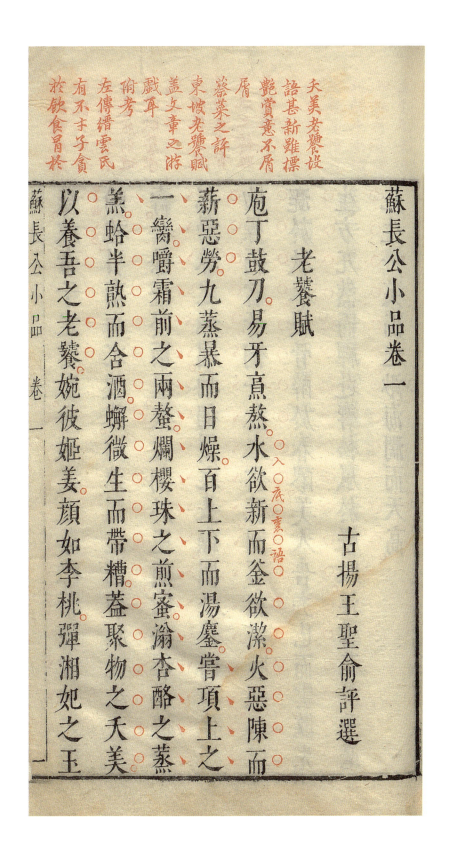

蘇長公小品卷一

老饕賦

古揚王聖俞評選

○入○底○熏○語○

庖丁鼓刀易牙煎熬水欲新而釜欲潔火惡陳而
薪惡勞九蒸暴而日燥百上下而湯鏖嘗項上之
一臠嚼霜前之兩螯爛櫻珠之煎蜜瀹杏酪之蒸
羔蛤半熟而含酒蟹微生而帶糟蓋聚物之夭美
以養吾之老饕婉彼姬姜顏如李桃彈湘妃之玉

夫美老饕故
語甚新雖標
艷賞意不屑
饕餮之許
東坡尤饕賦
蓋文章之游
戲耳
俯考
左傳縉雲民
有不才子貪
於飲食冒於

蘇長公小品 卷一

111. 苏长公小品四卷 （宋）苏轼撰 （明）王纳谏辑并评 明凌启康刻朱墨套印本

开本高27.3厘米，宽16.9厘米。框高21.2厘米，宽14.5厘米。半叶八行，行十九字，白口，四周单边。四册。湖北省图书馆藏。

国家珍贵古籍名录编号：05615。

李詩選卷一

古風

古風五首

秦皇掃六合虎視何雄哉飛劍決浮雲諸侯盡
西來明斷自天啟大略駕羣才收兵鑄金人函
谷正東開銘功會稽嶺騁望瑯琊臺刑徒七十
萬起土驪山隈尚採不死藥茫然使心哀連弩
射海魚長鯨正崔嵬額鼻象五嶽揚波噴雲雷

李詩選卷一　一

楊用脩曰蔡質誤
儻曰丞相斯昧死
言臣所將隸徒七
十二萬人治驪山
者已深已極鑿之
不入燒之不然即
之空如下天狀
削日鑒之不入燒
之不然其旁行三
百丈乃止

112. **李诗选五卷** （唐）李白撰 （明）张含辑 （明）杨慎批点 明刻朱墨套印本
开本高26.6厘米，宽17.6厘米。框高20.2厘米，宽14.5厘米。半叶八行，行十八字，
白口，四周单边。钤"曾归徐氏疆诊"印。一册。湖北省图书馆藏。
国家珍贵古籍名录编号：05204。

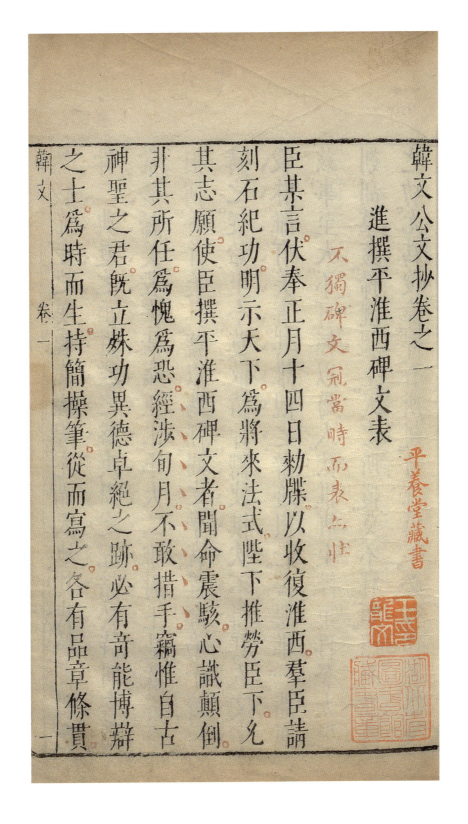

113. 韩文公文抄十六卷 （唐）韩愈撰 （明）茅坤评 明刻朱墨套印本

开本高 25.7 厘米，宽 16.5 厘米。框高 20.9 厘米，宽 14.8 厘米。半叶九行，行二十字，白口，四周单边。钤"思贻斋藏本""王龙文印""泽寰""补荃""平养堂藏书"等印。八册。湖北省图书馆藏。

国家珍贵古籍名录编号：05355。

柳文卷之一

與李翰林建書

杓直足下州傳遽至得足下書又於夢得處得

足下前次一書意皆勤厚莊周言逃蓬藋者聞

人足音則跫然喜僕在蠻夷中比得足下二書

及致藥餌喜復何言僕自去年八月來痞疾稍

巳往時間一二日作今一月乃二三作用南人

檳榔餘甘破決壅隔大過陰邪雖敗巳傷正氣

柳文卷之一　一

114. **柳文七卷**　（唐）柳宗元撰　（明）茅坤评　明刻朱墨套印本

开本高 26.5 厘米，宽 17.2 厘米。框高 20.5 厘米，宽 14.6 厘米。半叶八行，行十八字，白口，四周单边。七册。湖北省图书馆藏。

国家珍贵古籍名录编号：05403。

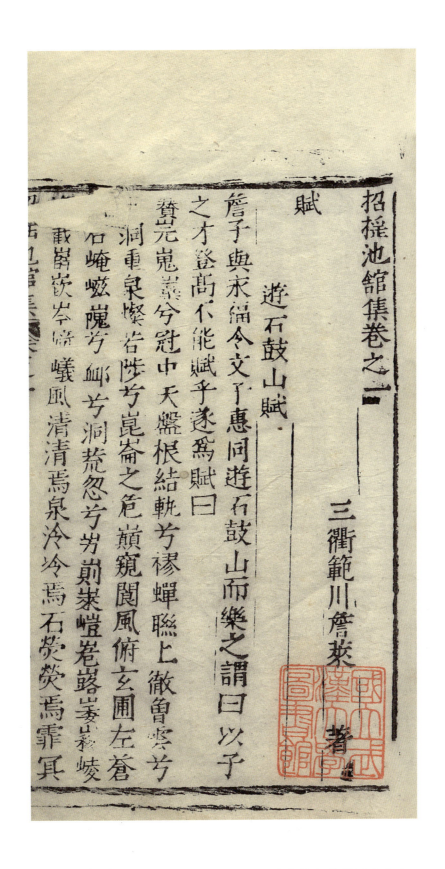

115. 招摇池馆集十卷　（明）詹莱撰　明福建书坊詹佛美活字印本
开本高25厘米，宽15.4厘米。框高19.1厘米，宽12.2厘米。半叶十行，行二十一字，白口，四周单边。四册。武汉大学图书馆藏。
国家珍贵古籍名录编号：06119。

招捕沈智集 卷之六

始創督府魚書四出徵兵青齊長鎗手萬洛毛胡蘆湘

蝴陽容美獷闔廣水丘皆紛沓至然不肯倪受驢勒出

死力戰陳驕倨輒時特剴胡每罷歸于女金帛輒纍載

以歆艷群不逞於毛糾結千百輩不俟符檄而來聲曰

報效軍前實則縕袻覘發乃督府又往往受之與其萬

一用也有司遇之與符召者等而勢反難焉扑之則曰

如何沮撓義旅餉之則倉廩不得自發無所利則怨怒

思變變則以為罪首曰激炭炭乎其莫可周旋也屬者

僦兵袁鳳率三百人亂於閩閩督不能計誘而嫁之境

恣其所如總督少保胡公偵其來檄止之彼已達吾常

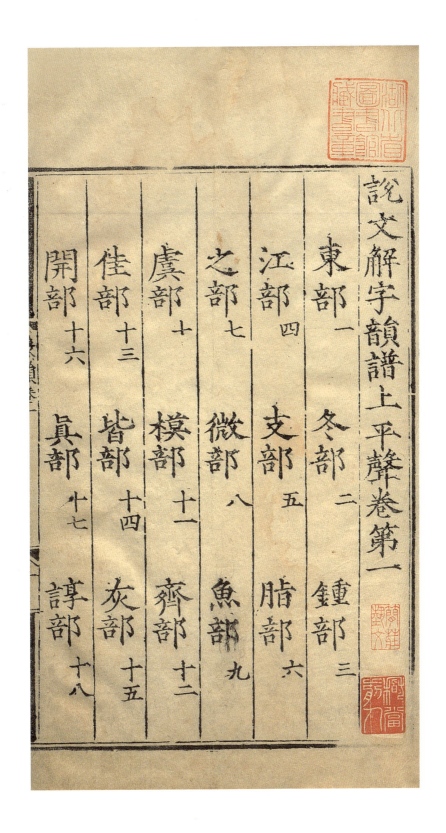

説文解字韻譜上平聲卷第一

東部 一　冬部 二　鍾部 三

江部 四　支部 五　脂部 六

之部 七　微部 八　魚部 九

虞部 十　模部 十一　齊部 十二

佳部 十三　皆部 十四　灰部 十五

開部 十六　眞部 十七　諄部 十八

116. 说文解字篆韵谱五卷 （南唐）徐锴撰　明李显刻公文纸印本

开本高 27.1 厘米，宽 16.7 厘米。框高 21.3 厘米，宽 14.5 厘米。半叶七行，行十字，黑口，四周双边。钤"仲鱼图象""海陵陈宝晋康甫氏鉴藏经籍金石文字书画之印章""戴延德遂良印信长寿""南陵徐乃昌校勘经籍记""徐恕读过"等印。五册。湖北省图书馆藏。

国家珍贵古籍名录编号：12474。

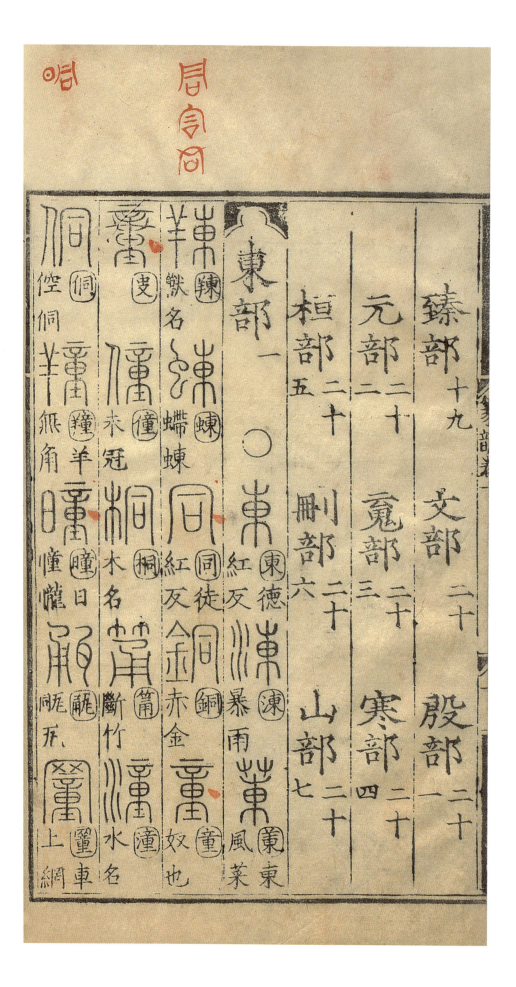

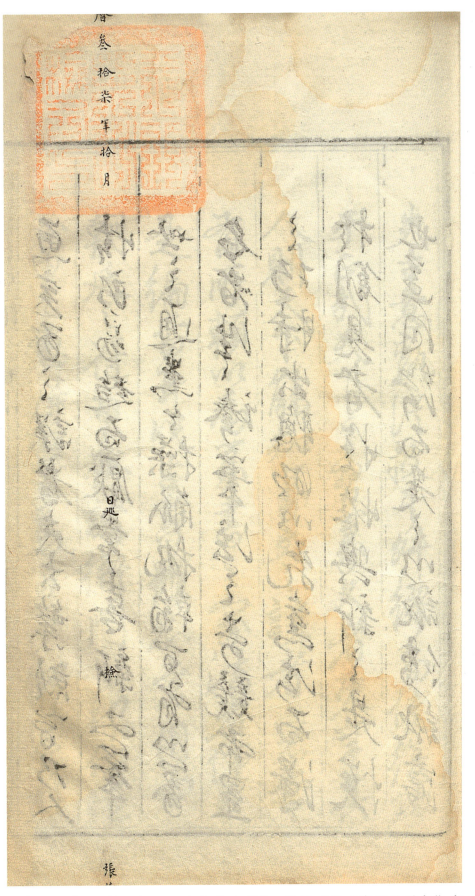

纸背公文署时"（万）历三十七年十月"，并钤"平头寨巡检司印"印

金剛般若波羅蜜経

法會因由分第一

如是我聞一時佛在舍衛國祇樹給

孤獨園與大比丘眾千二百五十人

俱尒時世尊食時著衣持鉢入舍衛

大城乞食於其城中次第乞已還至

本處飯食訖收衣鉢洗足已敷座而

坐

善現起請分第二

時長老須菩提在大眾中即從座起

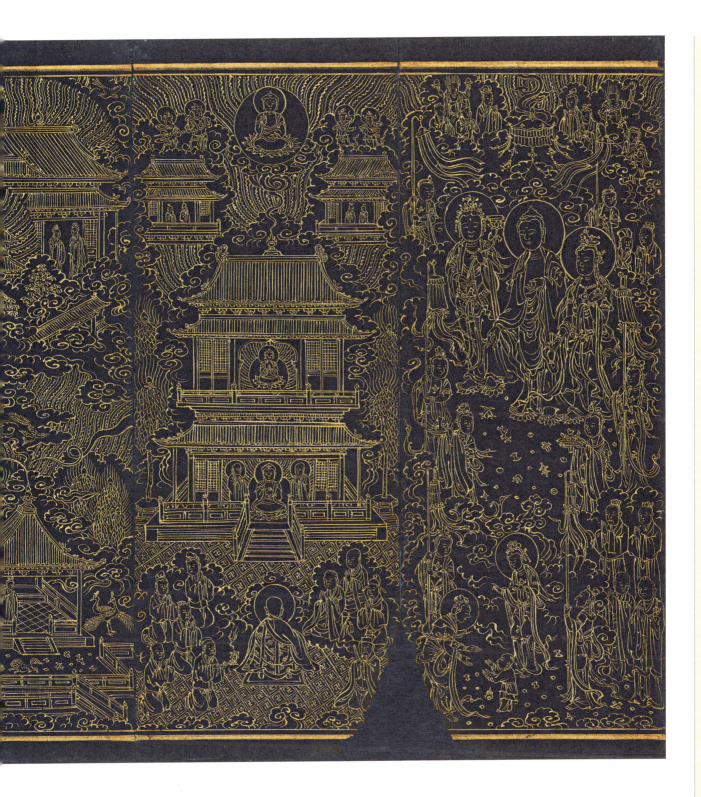

117. 金刚般若波罗蜜经一卷 （后秦）释鸠摩罗什译　明正德六年（1511）泥金写本

经折装。开本高32.1厘米，宽12.3厘米。框高30厘米。半叶五行，行十四字，上下双边。谷城县图书馆藏。

国家珍贵古籍名录编号：12719。

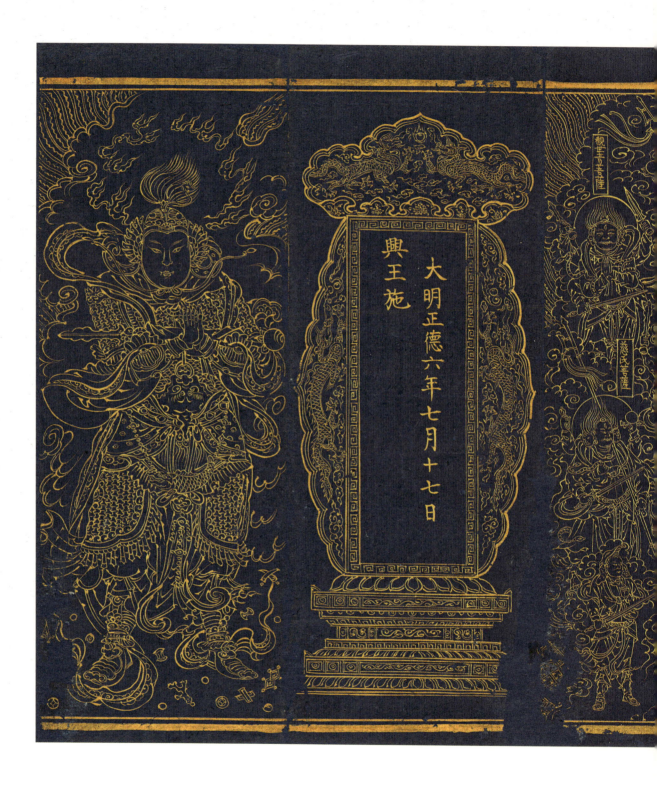

大明正德六年七月十七日

興王施

册府千华——湖北省藏国家珍贵古籍展图录

118. 古书世学六卷 （明）丰坊撰　明抄本

　　开本高 31.7 厘米，宽 20.3 厘米。框高 19.9 厘米，宽 17 厘米。半叶九行，行二十字，小字双行同，白口，四周双边。钤"董氏玄宰"（疑伪）、"表章经史之宝"（疑伪）、"黄冈刘氏校书堂藏书记"、"黄冈刘氏绍炎过眼"印。六册。湖北省图书馆藏。
　　国家珍贵古籍名录编号：03251。

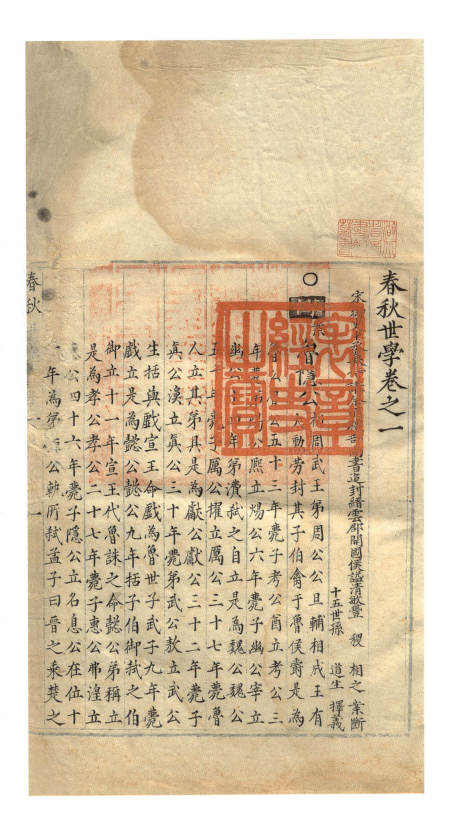

119. 春秋世学三十三卷 （明）丰坊撰　明抄本

开本高 31.5 厘米，宽 20.3 厘米。框高 19.9 厘米，宽 17 厘米。半叶九行，行二十字，小字双行同，白口，四周双边。钤"翰林院印"（满汉合璧）、"表章经史之宝"印，两印疑伪。三十册。湖北省图书馆藏。

国家珍贵古籍名录编号：03367。

六官命名之義

50376

15 JAN 1935

周禮傳卷之一上

天官上

六官曰天地春夏秋冬者天官所掌王宫内外及
百官皆在上之事天覆象也地官所掌教養斯民
皆根本之事地載象也春官掌禮樂合天地之和
春生象也夏官掌政皆均平大事夏長象也秋官
掌刑裁物之過秋殺象也冬官掌事萬物各止其
所冬藏象也故六官皆實理以成天下之務如天
宇之六合也

惟王建國聖人繼天而王必宅中圖大而建立國都辨方以日景定正位
中爲王宫后宫前朝後市左祖右社即洛誥攻位于洛汭也 體國國中之道九經如人之四

體經野井牧其田野爲都鄙鄉遂之制如布之有經 設官天地春夏秋冬分職教治

120. 周礼传五卷翼传二卷图说二卷 （明）王应电撰 明抄本

开本高28.1厘米，宽19.6厘米。框高17.4厘米，宽20.4厘米。半叶九行，行二十字，白口，四周双边。十四册。武汉大学图书馆藏。

国家珍贵古籍名录编号：07320。

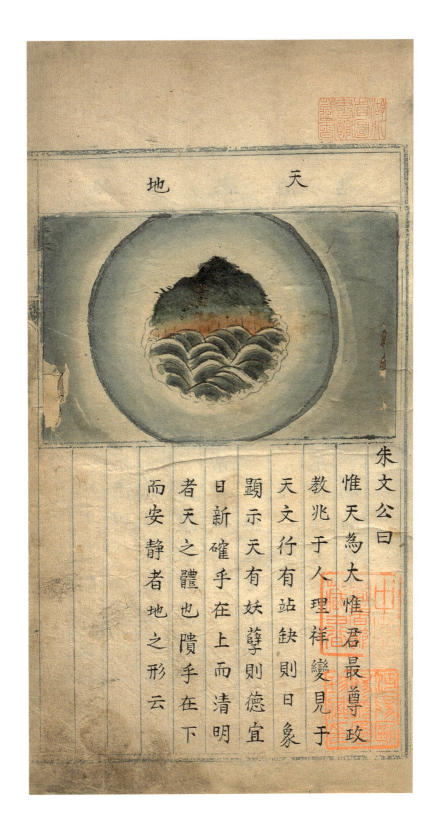

121. 天元直指不分卷　明彩绘抄本　欧阳蟾园跋

开本高 27.3 厘米，宽 16.8 厘米。三栏，上栏占名，中栏彩绘，下栏说明文字。框高 22.1 厘米，宽 14.3 厘米。半叶十一行，行十至十二字，白口，四周双边。钤"健庵""沔阳欧阳蟾园珍藏印""蟾""癸巳人"印。十册。湖北省图书馆藏。

国家珍贵古籍名录编号：04651。

气黑如龙衔日占

朱文公曰

黑如龙衔日占日帝府臣叛藏书

宋志曰

黑如龙来衔日有臣叛也

乾象新书曰

日傍气如龙衔日下有叛

臣

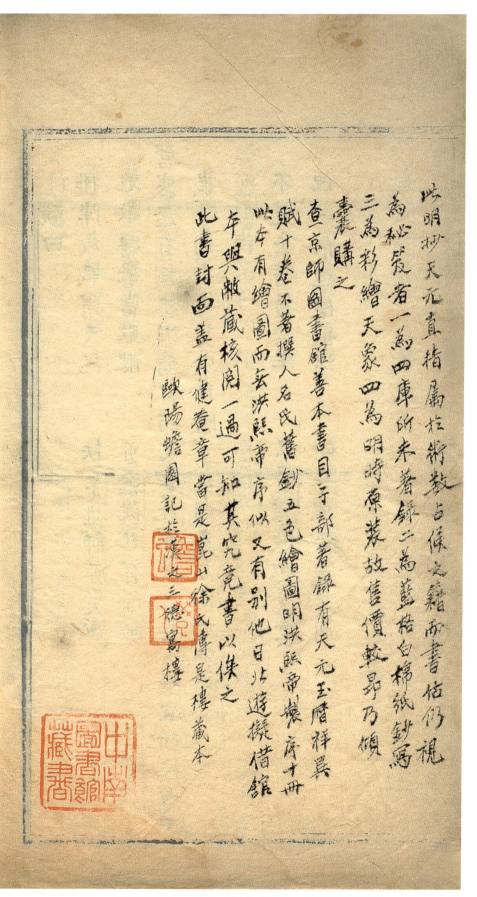

此明抄天元玉曆屬於術數占候之籍而書估仍視
為秘笈者一為四庫所未著錄二為藍格白棉紙鈔為
三為彩繪天象四為明時原裝故售價較昂乃傾
囊購之
查京師國書館善本書目子部著錄有天元玉曆祥異
賦十卷不著撰人名氏舊鈔五色繪圖明洪熙帝御序十冊
此本有繪圖而無洪熙帝序似又有別他日北遊擬借館
本與敝藏核閱一過可知其究竟書以俟之
此書封面蓋有健菴章當是崑山徐文傳是樓藏本

歐陽蟾園記於三德兄寄樓

欧阳蟾园跋

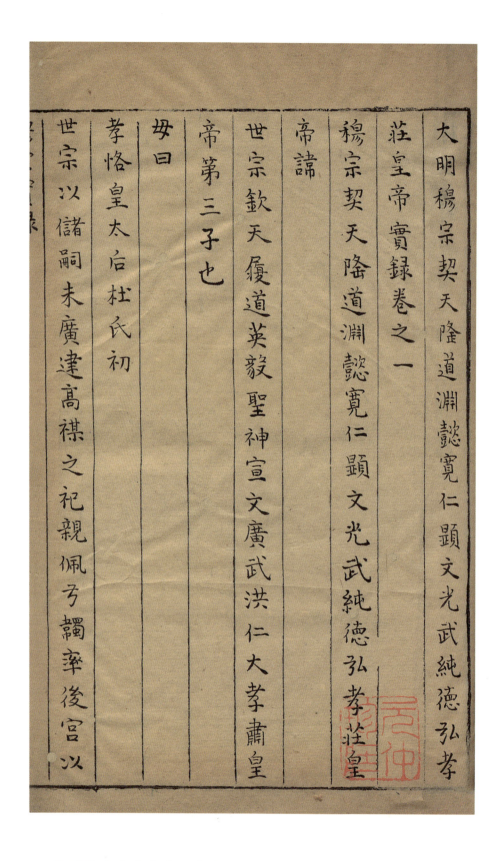

大明穆宗契天隆道淵懿寬仁顯文光武純德弘孝

莊皇帝實録卷之一

帝諱

穆宗契天隆道淵懿寬仁顯文光武純德弘孝莊皇

世宗欽天履道英毅聖神宣文廣武洪仁大孝肅皇

帝第三子也

母曰

孝恪皇太后杜氏初

世宗以儲嗣未廣建高禖之祀親佩弓韣率後宮以

122. 大明穆宗庄皇帝实录七十卷 （明）张溶 （明）张居正等纂修 明抄本

开本高24.9厘米，宽16.2厘米。框高21.2厘米，宽14.3厘米。半叶九行，行二十字，白口，四周单边。钤"元仲珍藏"印。十六册。武汉大学图书馆藏。

国家珍贵古籍名录编号：03781。

123. 神技编不分卷 （明）金宗舜撰　明抄本

　　金镶玉装。开本高 31 厘米，宽 18.4 厘米。无框栏，半叶九行，行十七字。部分有框栏，框高 22.6 厘米，宽 13.6 厘米，半叶十行，行二十二字，小字双行同，四周单边。钤“吴惇宽栗仲审定收藏”印。四册。湖北省图书馆藏。

　　国家珍贵古籍名录编号：04510。

嘗聞古之君子學必執御國无富馬以為駟
服之備是知戰者用車雖古制宜有火炮架車而徵
一時之勝愚以車雖古制宜于平坦若遇山
徑高硬驅進惟難屢轉尤艱而車之所載悉
資於敵其步兵之砲雖皆迅猛而無遞護靠
畏敵箭手足失措焉能一一命中愚乃參酌
機宜創製盛冠連城砲驗試克劾遂畫圖試
于右其架製像一字屏風搭橫木二條為梁
穿繫麗繩加以鉄條固之量闊尺許長三尺

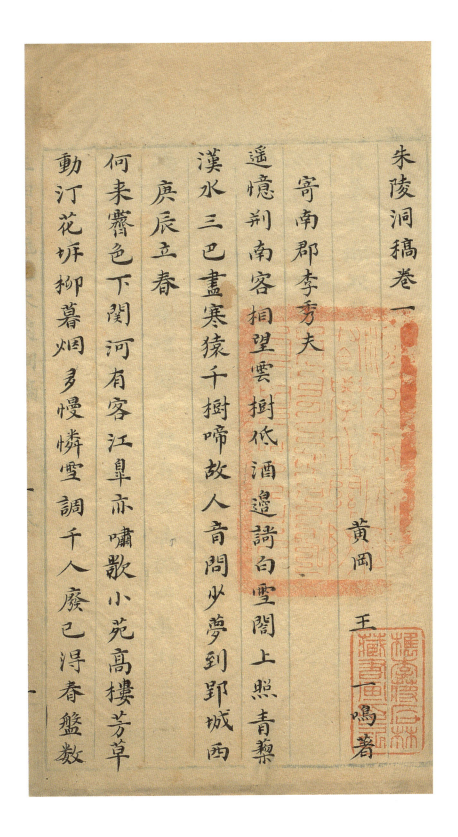

124. 朱陵洞稿三十三卷中州武录一卷 （明）王一鸣撰　明抄本

开本高25.1厘米，宽15.5厘米。半叶单框，框高20.8厘米，宽13.4厘米。半叶八行，行二十字，白口，四周单边。钤"檇李蒋石林藏书画印记"、"顺天府府丞督学之关防"（满汉合璧）等印。五册。湖北省图书馆藏。

国家珍贵古籍名录编号：06140。

三、清代琳琅

　　清代各地刻书、抄书、藏书、贩书等活动兴盛，现存清代书籍数量较多，种类丰富。在湖北省藏清代古籍中，亦不乏形式多样的珍稀善本。

　　本次展出的清代典籍，既有名家手泽，也有内廷精善；既有多色套印，又有聚珍活字，可谓满目琳琅，篇章锦绣。清纪昀手批《史通训故补》，是纪昀存世手迹之一，对研究纪昀史学思想等有独特文献价值；清道光活字三色套印本《投壶谱》运用活字、套印双重工艺，是我国版本印刷史上的珍贵文物。稿本《师伏堂日记》为晚清经学大师皮锡瑞手迹，是相关研究的第一手资料；清抄本《湖北金石诗》收录题咏湖北金石之作，颇具史料价值。这些传抄刻印的古籍，反映出清代版本的概貌，也能让观众近距离感受珍稀古籍之魅力，体会优秀文化之传承。

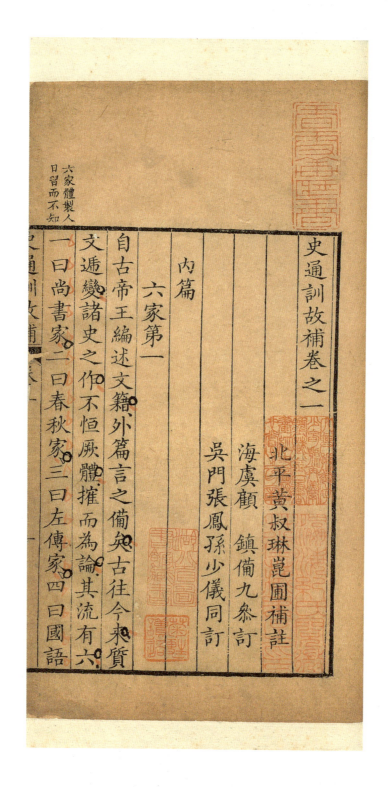

125. **史通训故补二十卷** （清）黄叔琳撰 清乾隆十二年（1747）黄氏养素堂刻本 清纪昀批校并跋 丁菊甦跋

金镶玉装。开本高24.8厘米，宽15厘米。框高15.5厘米，宽11.4厘米。半叶九行，行十九字，小字双行同，白口，左右双边。钤"瀛海纪氏阅微草堂藏书之印""大兴孙达字少春号再羹鉴藏金石书画经史图籍心赏之印章""丁氏菊甦"等印。十二册。湖北省图书馆藏。

国家珍贵古籍名录编号：04375。

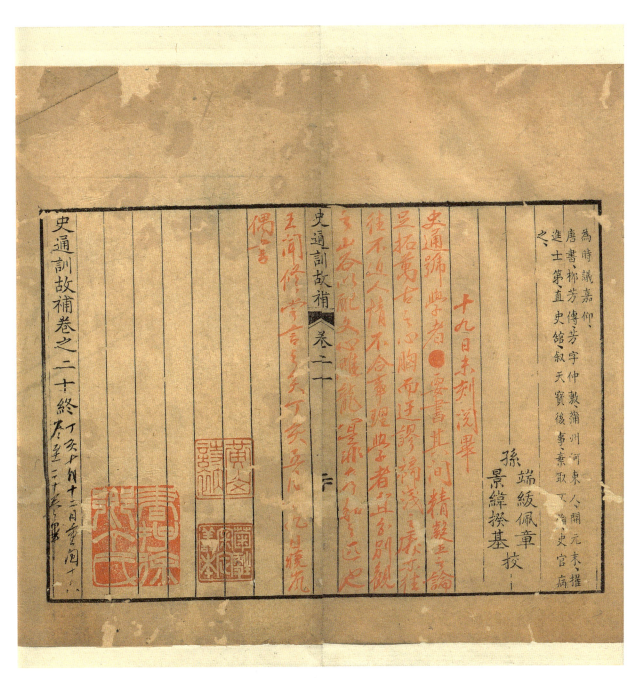

清纪昀跋

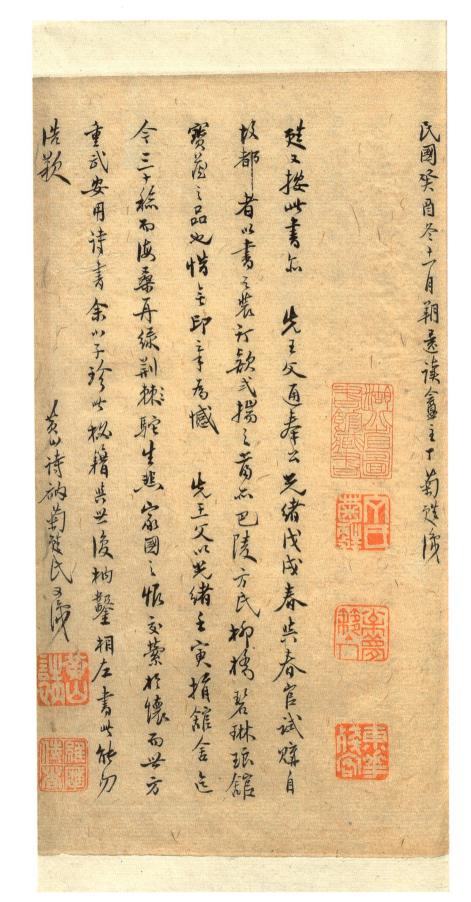

民國癸酉冬十月朔遠讓盦主丁菊甦識

楚又按此書為　先王父通奉公光緒戊戌春典春官試燔自

故都　者以書之裝訂欹武揚之蕭然巴陵方氏柳橋菁琳琅館

寶藏之品也惜主即亭毐憾　先王父以光緒壬寅捐館舍迄

今三十餘而海桑再綠荆棘駝生遂家國之恨文縈於懷而呈方

重武安用詩青余此子珍此秘籍異此陵柚鑿相左書此能勿

浩歎

黄山詩衲蜀菊甦民丁涵

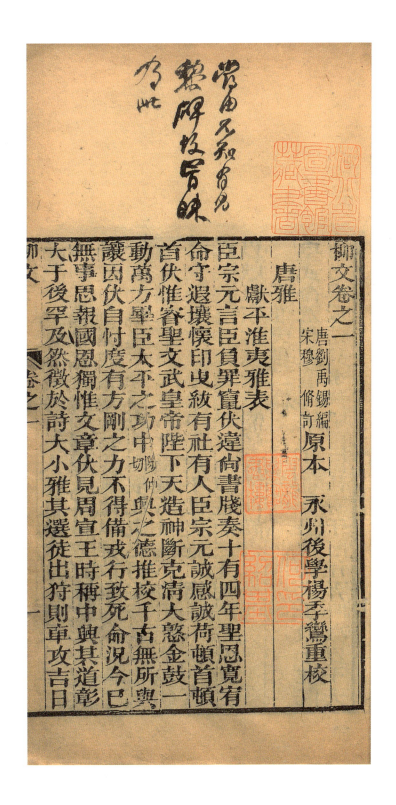

126. 柳文四十三卷别集二卷外集二卷 （唐）柳宗元撰 **附录一卷** 清杨季鸾春星阁刻本 清何绍基批校并跋 张继煦校并题识

开本高27.2厘米，宽15.1厘米。框高18厘米，宽13.2厘米。半叶十一行，行二十二字，小字双行同，白口，左右双边。钤"何绍基印""云龙万宝书楼""武昌柯氏珍藏书画""曾在张春霆处"等印。四册。湖北省图书馆藏。

国家珍贵古籍名录编号：12738。

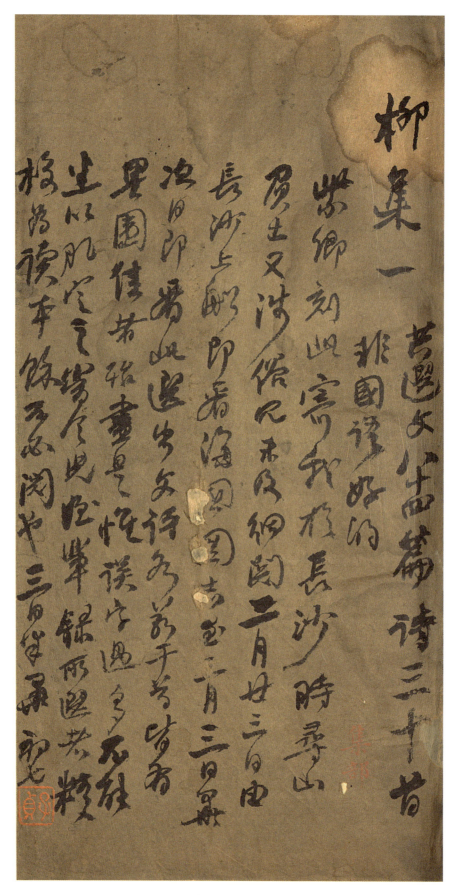

清何绍基跋

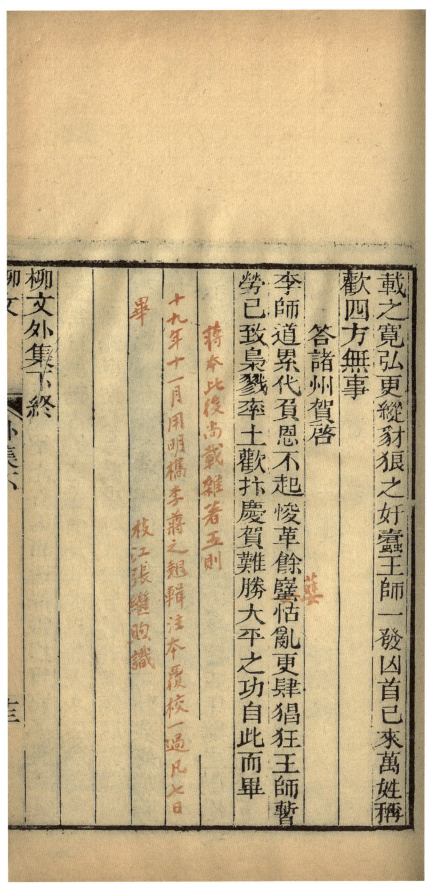

載之寬弘更縱豺狼之奸蠹王師一發凶首已來萬姓稱

歡四方無事

答諸州賀啓

李師道累代負恩不起悛革餘孽怙亂更肆猖狂王師暫

勞已致梟鯢率土歡抃慶賀難勝大平之功自此而畢

蔣奔此後尚載雜著五則

畢

十九年十一月閑明橋李蔣之翹輯汪本覆校一過凡七日

校江張繼煦識

柳文外集下終

柳文外集下卷六

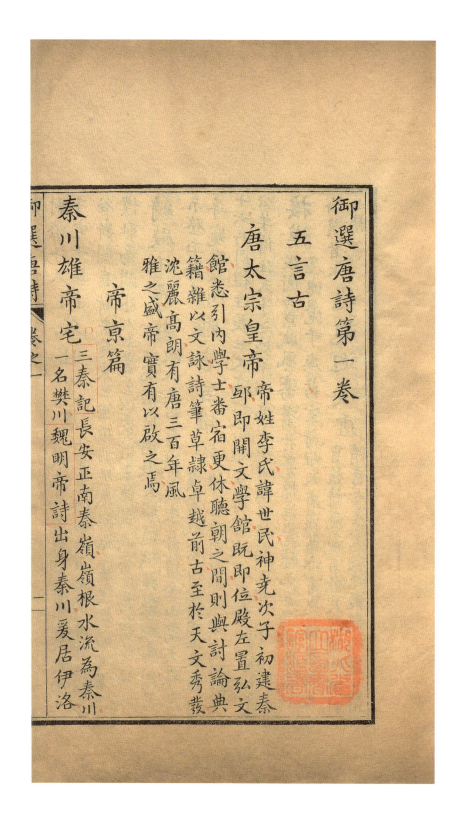

127. 御选唐诗三十二卷目录三卷 （清）圣祖玄烨辑 （清）陈廷敬等注 清
康熙五十二年（1713）内府刻朱墨套印本

开本高 26.4 厘米，宽 15.9 厘米。框高 19 厘米，宽 12.5 厘米。半叶七行，行十七字，
小字双行二十至二十六字，白口，四周双边。钤"春霆印信"印。十五册。湖北省图书馆藏。

国家珍贵古籍名录编号：09496。

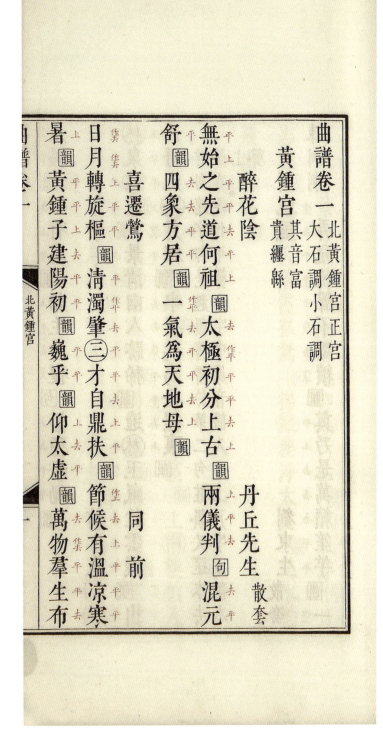

128. 曲谱十二卷首一卷末一卷 （清）王奕清等撰　清康熙内府刻朱墨套印本

开本高 28.7 厘米，宽 17 厘米。框高 21.1 厘米，宽 12.5 厘米。半叶八行，行二十一字，小字双行同，四周双边。八册。襄阳市图书馆藏。

国家珍贵古籍名录编号：10993。

册府千华——湖北省藏国家珍贵古籍展图录

江陵志餘

總志

粵稽黄帝畫野分荆維兹南在江之陵昊路

藍縷實封楚人熊釋開基熊資鄖莊王接之

觀兵閒鼎天險所憑無虞是徹總志第一

禹貢荆州之域天文翼軫分野而南郡江陵入翼十

度春秋為楚鄖都楚交王自丹陽徒此後九世平

王城之後十世秦拔我鄖以漢南地而置南郡

周書曰南國名也南氏有二臣力均勢敵兢進爭

129.〔顺治〕江陵志余十卷首一卷 （清）孔自来撰 清木活字印本

开本高25.4厘米，宽16厘米。框高20.4厘米，宽14.4厘米。半叶九行，行二十字，白口，四周单边。四册。湖北省图书馆藏。

国家珍贵古籍名录编号：04173。

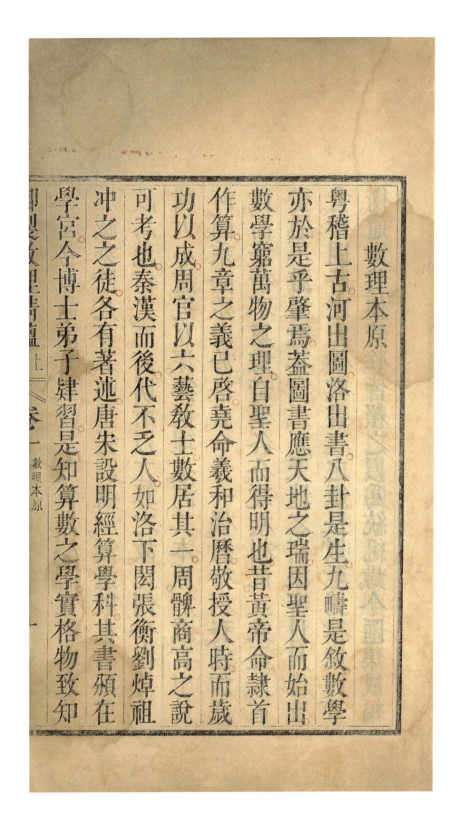

130. 御制数理精蕴上编五卷下编四十卷表八卷 （清）允祉 （清）允禄 （清）梅瑴成等撰　清康熙武英殿铜活字印本

开本高 26.3 厘米，宽 17 厘米。框高 21.4 厘米，宽 14.8 厘米。半叶九行，行二十字，白口，四周双边。四十二册。湖北省图书馆藏。

国家珍贵古籍名录编号：12650。

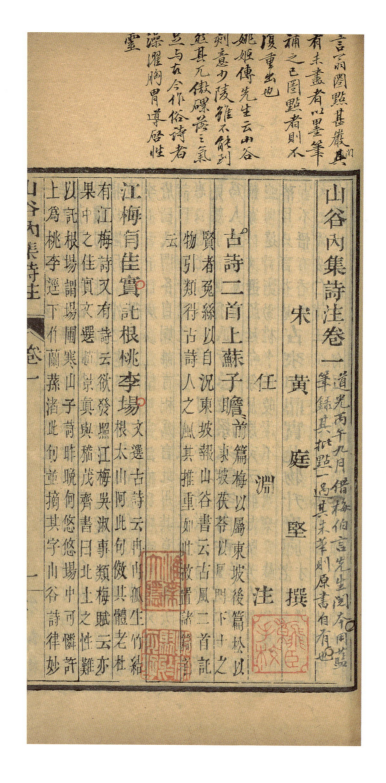

131. 武英殿聚珍版书 清乾隆至嘉庆武英殿木活字印本（易纬、汉宫旧仪、魏郑公谏续录、帝范配清乾隆三十八年武英殿刻本；元朝名臣事略、毗陵集配清福建布政使署刻武英殿聚珍版书本，悦心集配清雍正四年内府刻本）山谷内集诗注外集诗注别集诗注有清龙启瑞批点及跋并录清梅曾亮批点及跋、左桢跋，牧庵集有叶德辉跋 存一百三十一种，比《中国古籍善本书目》所列一百三十八种缺十种（春秋经解、三国志辨误、东观汉记、琉球国志略、苏沈良方、小儿药证真诀、周髀算经、彭城集、御制诗文十全集、诗伦），多三种（西巡盛典、钦定平苗纪略、畿辅安澜志）

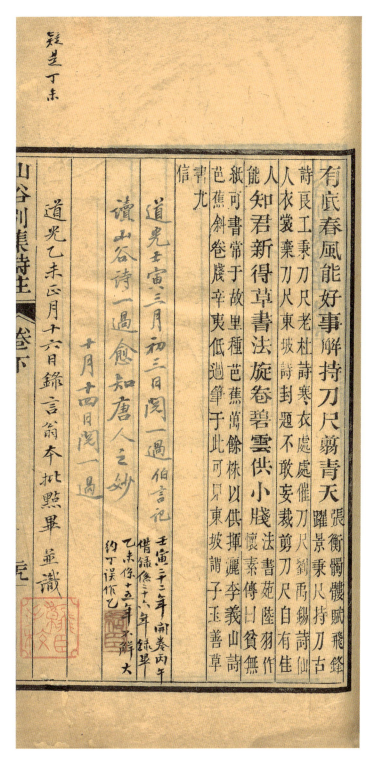

清龙启瑞跋并录清梅曾亮跋　左桢跋

开本高26.3厘米，宽16厘米。框高19.2厘米，宽12.6厘米。半叶九行，行二十一字，白口，四周双边。钤"孙星衍印""大雷经勘堂藏书""倪模""预抢""岑振祖印""端书""则贤""慈谿冯氏醉经阁图籍""五桥珍藏""翰臣手校""淮南大隐""莫友芝图书印""莫彝孙印""莫棠字楚生印""叶名沣印""宗室盛昱收藏图书印""圣清宗室盛昱伯羲之印""会稽章氏藏书""光銮自聘之书""会稽沈氏光烈字君度""楼山康氏收藏""臣

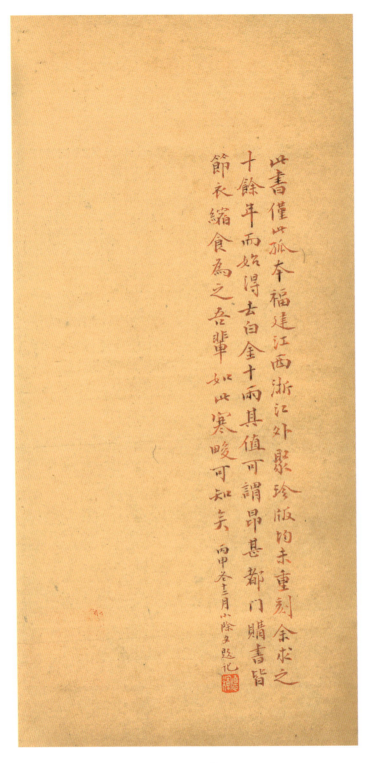

《牧庵集》叶德辉跋

顾锡麒""任舫载籍""南云蔡氏仲子审定群籍金石书画之章""湘潭叶氏珍藏书记""观
古堂""叶启发藏""叶启勋""叶启藩藏""昌平王氏北堂藏书""蕙铃""草莽之臣遇唐
谨藏""北平谢氏藏书印""枝指生珍藏书画图石之印章""淦亭珍藏""龙绂祺印""真州
吴氏有福读书堂藏书"等印。存六百三十册。湖北省图书馆藏。

国家珍贵古籍名录编号：10553。

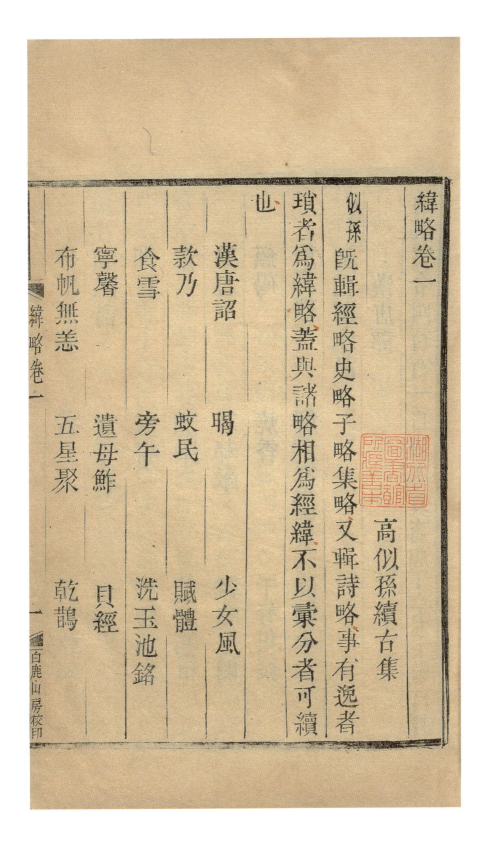

132. 纬略十二卷 （宋）高似孙撰　清白鹿山房活字印本

开本高 25.8 厘米，宽 16.5 厘米。框高 19 厘米，宽 14.5 厘米。半叶十行，行二十字，小字双行同，黑口，四周单边。六册。湖北省图书馆藏。

国家珍贵古籍名录编号：04765。

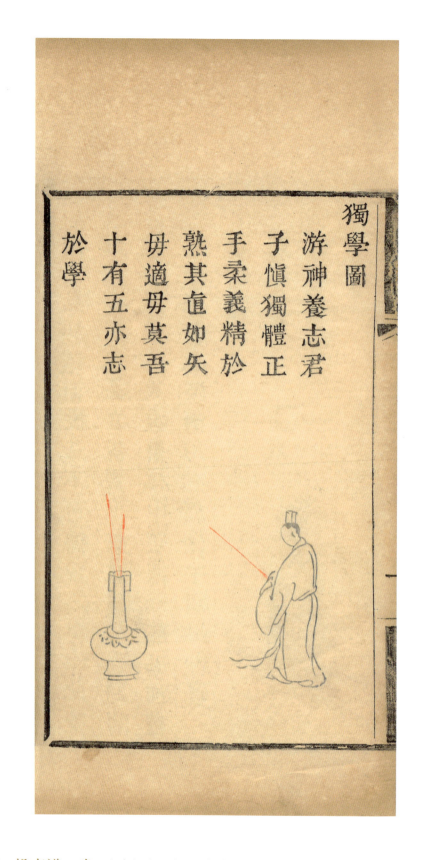

獨學圖
游神養志君
子慎獨體正
手柔義精於
熟其直如矢
毋適毋莫吾
十有五亦志
於學

133. 投壶谱一卷 （清）李瑶撰　清道光九年（1829）活字三色套印本

开本高 26.6 厘米，宽 15.1 厘米。框高 19.1 厘米，宽 12.4 厘米。半叶八行，行十八字，黑口，四周单边。一册。湖北省图书馆藏。

国家珍贵古籍名录编号：12667。

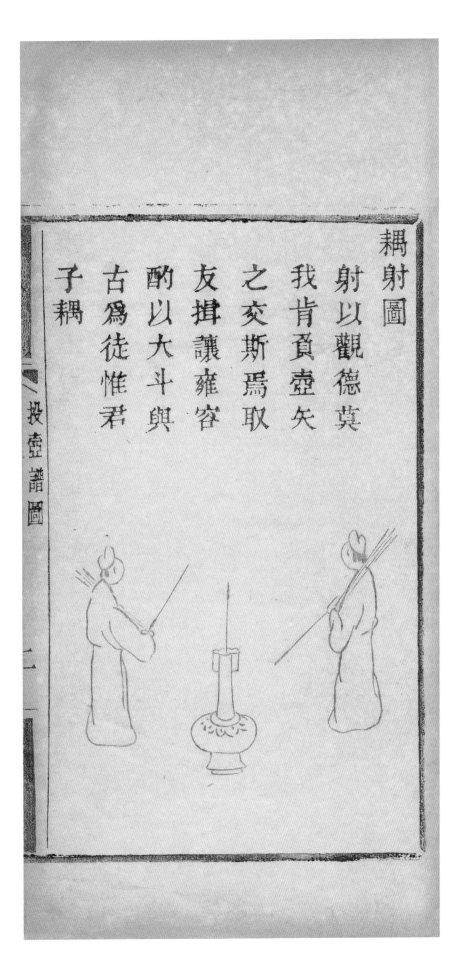

耦射圖

射以觀德莫

我肯貢壺矢

之交斯爲取

友揖讓雍容

酌以大斗與

古爲徒惟君

子耦

投壺譜圖

二二

讀易一鈔卷第一

明角東董守諭次公氏編篹

周易上經

乾下
乾上　坤　對

乾

即卦名即文字韻書巔先切三巔因切字書皆混作天字三　下

一陽二陽三陽以氣言則健復升上以形言為頂三、上四陽五陽

六陽以氣言則健覆臨下以形言為蓋三、全體六陽為渾三周三

讀易一鈔

134. 读易一钞十卷易广四卷　（清）董守谕撰　稿本

开本高27.8厘米，宽17.7厘米。框高24.7厘米，宽16.4厘米。半叶八行，行二十六字，白口，四周单边。钤"董守谕印""次公""四明卢氏抱经楼藏书印""龄莲书记""徐恕读过"等印。十册。湖北省图书馆藏。

国家珍贵古籍名录编号：07270。

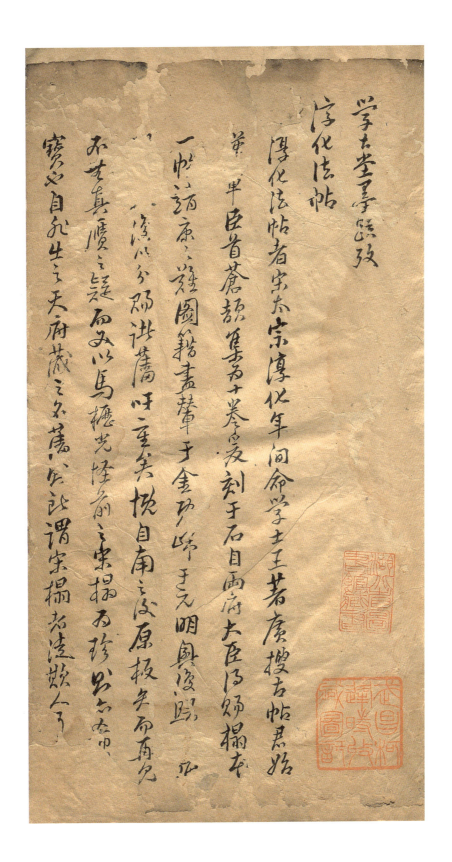

135. 学古堂墨迹考不分卷 （清）林侗撰　稿本

开本高 25.8 厘米，宽 16.9 厘米。无框栏，半叶七至十行，行字不等。钤"林侗""武昌柯逢时收藏图记"印。二册。湖北省图书馆藏。

国家珍贵古籍名录编号：04351。

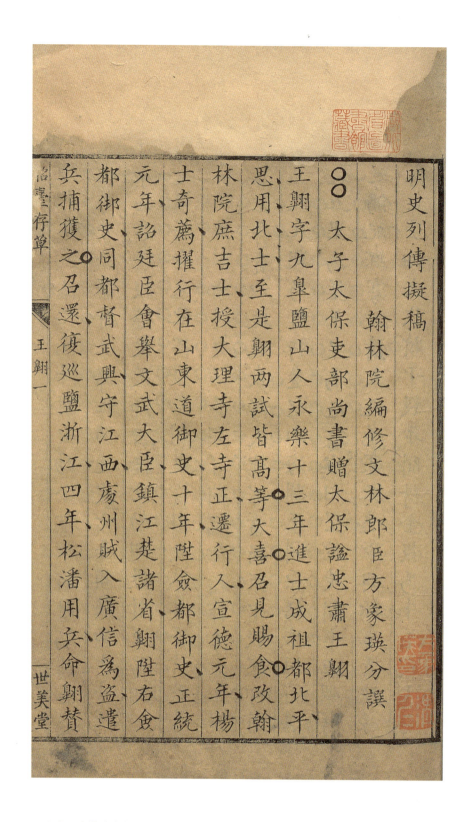

明史列傳擬稿

　　翰林院編修文林郎臣方象瑛分譔

○○

太子太保吏部尚書贈太保謚忠肅王翺

王翺字九皐鹽山人永樂十三年進士成祖都北平

思用北士至是翺兩試皆高等大喜召見賜食改翰

林院庶吉士授大理寺左寺正遷行人宣德元年楊

士奇薦權行在山東道御史十年陞僉都御史正統

元年詔廷臣會舉文武大臣鎮江楚諸省翺陞右僉

都御史同都督武興守江西虔州賊入廣信爲盜遣

兵捕獲之○召還復巡鹽浙江四年松潘用兵命翺贊

136. 明史列传拟稿不分卷 （清）方象瑛撰　稿本　清毛际可题辞　清倪灿、李澄中、施闰章批

　　开本高 27 厘米，宽 17.4 厘米。框高 21.5 厘米，宽 15.5 厘米。半叶十行，行二十字，小字双行同，白口，左右双边。钤"方象瑛印""毛际可印""徐恕"等印。二册。湖北省图书馆藏。

　　国家珍贵古籍名录编号：12495。

盍杏取皆不可定故不散列布而什襲訊傳於

家猶失名山石室之藏焉耳嗟乎弓與渭仁弱冠較

文語石少年豪放各以曳才自命今忽又弍十餘年

弓杜門家居偶君輟述如候蟲皆自無當於輕重渭

仁雖尋行異志而不能自勒一書異顯於世也丈尚

弓所待未嘗不爲之掩卷而太息也

同學姻弟屯際可

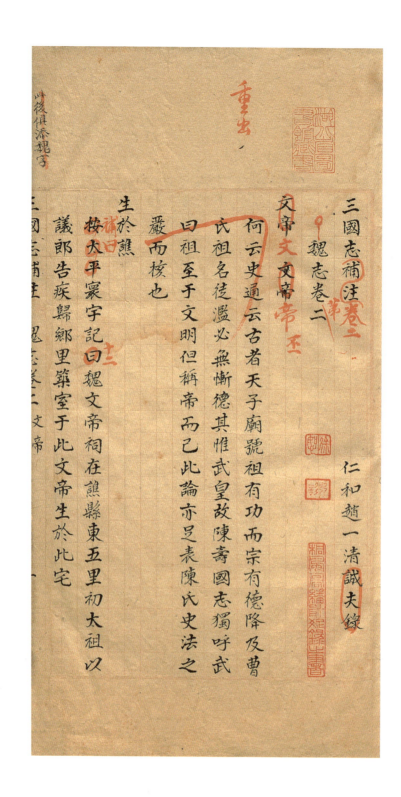

137. **三国志注补六十五卷** （清）赵一清撰　稿本　存四十五卷（二至三、六至十三、二十一至四十七、五十七至六十四，其中三十七至四十、四十二至四十五残缺严重）

开本高29.3厘米，宽17.5厘米。框高20厘米，宽14.7厘米。半叶十行，行二十二字，白口，左右双边。钤"徐恕""彊诊""桐风高繙戢疏录之书"印。存十四册。湖北省图书馆藏。

国家珍贵古籍名录编号：12494。

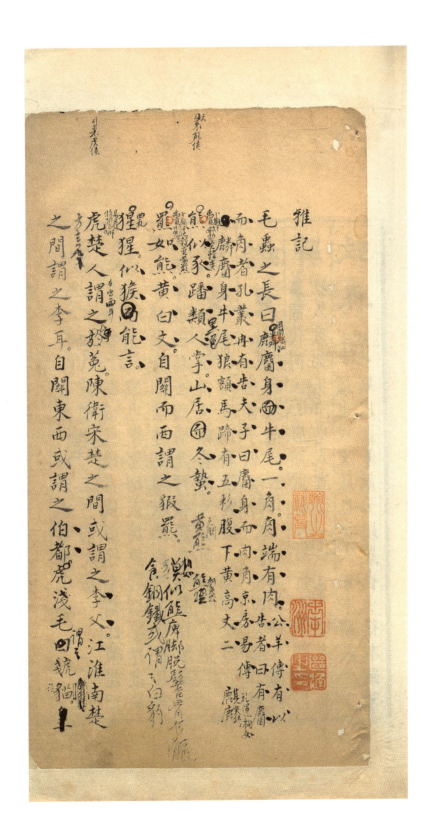

138. 经雅不分卷 （清）戴震撰　稿本

　　金镶玉装。开本高29.2厘米，宽17.9厘米。无框栏，半叶八行，行二十二字。钤"继涵之印""南洲""潍县高翰生藏经籍印""故才高者菀其鸿裁""翰生""翰生祕笈"印。二册。湖北省图书馆藏。

　　国家珍贵古籍名录编号：03411。

册府千华——湖北省藏国家珍贵古籍展图录

經雅

新安戴震著

鳥曰王雎即南之雎鳩雎鳩鷹而有別故少鷱司馬之官曰

雎鳩氏鷙性好峙立不移謂之鷙立楊鳥由白鷺似

鷹而尾上白且雕曰鷙黑色多力其翮可爲箭羽皆王雎

之類也雎鳩見經王雎楊鳥白鷹見爾雅鷹圖見漢書

倉庚黃鳥仲春之月正彏而鳴者也其色黎黑而黃故以

謂之鷙黃夏謂之商庚或謂之長股或謂之搏黍謂之

楚雀鳲侯之黃栗留嫁子娶婦之時也倉庚黃鳥見經商庚

長股見夏小正鷙黃

春秋長編

平王四十九年　已未魯隱公元年

調一年幽王乃滅周乃東遷　及平王之末而

秦晉齊楚代興秦景襄於是乎取周土　景當爲莊

子襄公之父取周土謂莊公有功於周周　秦仲之莊

平王東遷襄公佐之故得西周豐鎬之地　之地三君皆云

戎破之遂有其地誤矣西周　賜之及

晉文矦於是乎定天子齋莊

僖於是乎小伯　莊齋太公後十二世莊公購僖公

楚金冒於是乎始啟濮　注金冒楚季紃之孫若敖

也難處　本紀記周平王立東遷于雒邑辟戎冦平王之

139. 春秋长编不分卷 （清）孙星衍编　稿本

开本高26.5厘米，宽16.3厘米。框高21.5厘米，宽14.1厘米。半叶十行，行二十字，小字双行同，白口，四周单边。钤"盱眙吴氏藏书"印。二十二册。湖北省图书馆藏。

国家珍贵古籍名录编号：12460。

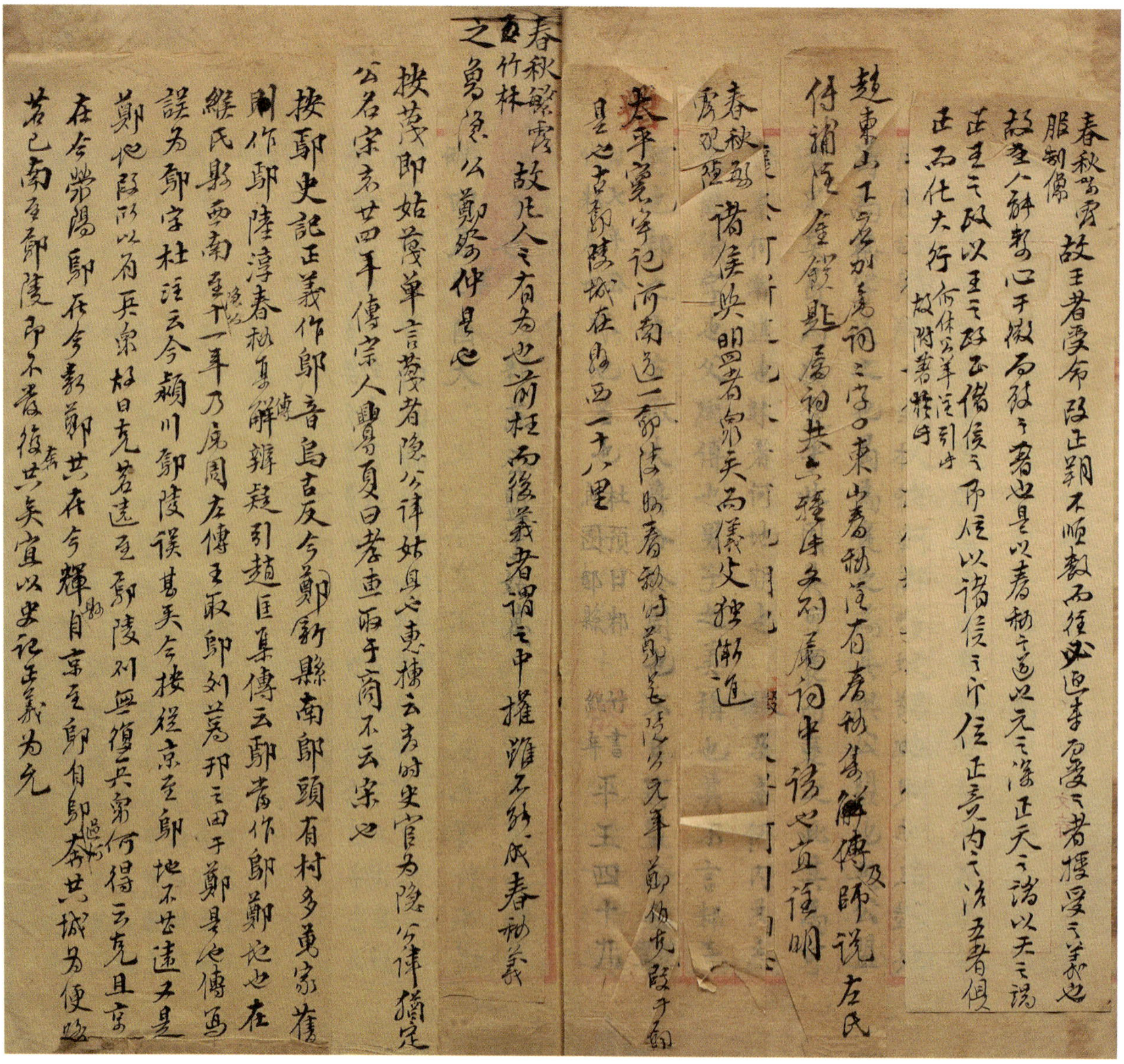

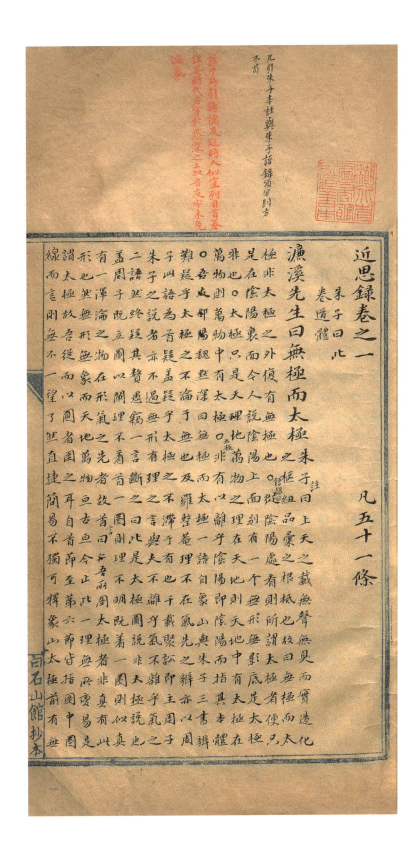

140. 近思录补注十四卷　（清）陈沆撰　稿本　清魏源批

开本高30.3厘米，宽18.2厘米。框高20.8厘米，宽14.7厘米。半叶十行，行二十五字，小字双行同，白口，四周双边。二册。湖北省图书馆藏。

国家珍贵古籍名录编号：12624。

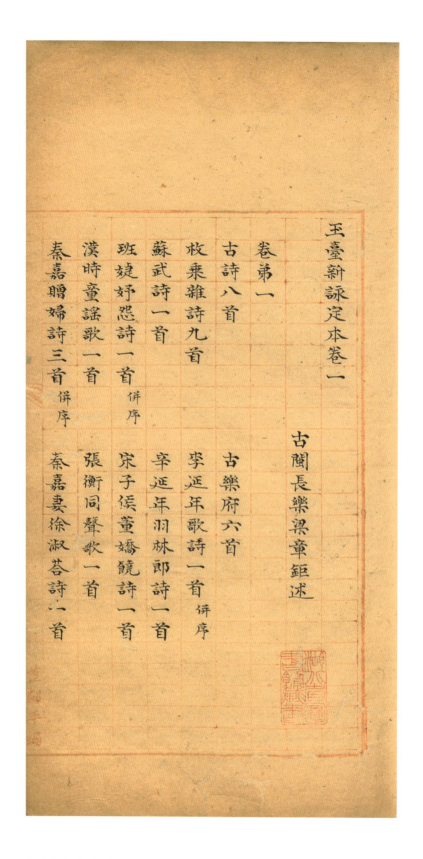

141. **玉台新咏定本十卷** （南朝陈）徐陵辑 （清）梁章钜注 稿本

开本高28.5厘米，宽17.6厘米。框高19.9厘米，宽13.4厘米。半叶九行，行二十五字，小字双行同，白口，四周双边。四册。湖北省图书馆藏。

国家珍贵古籍名录编号：09381。

蔡邕飲馬長城窟行一首　陳琳飲馬長城窟行一首

徐幹詩二首室思一首情詩一首　按目所云二首即下室思情詩不且複出以宋刻列目如是姑仍舊本書之

繁欽定情詩一首

古詩八首

古詩無名人為焦仲卿妻作　併序

上山采蘼蕪下山逢故夫長跪問故夫新人復何如新人雖言好

未若故人姝顏色類相似　藝文類聚作其色似相類

故人從閣去新人工織縑故人工織素織縑日一疋織素五丈餘

將縑來比素　又藝文類聚部引末二句作以縑持將新人不如故

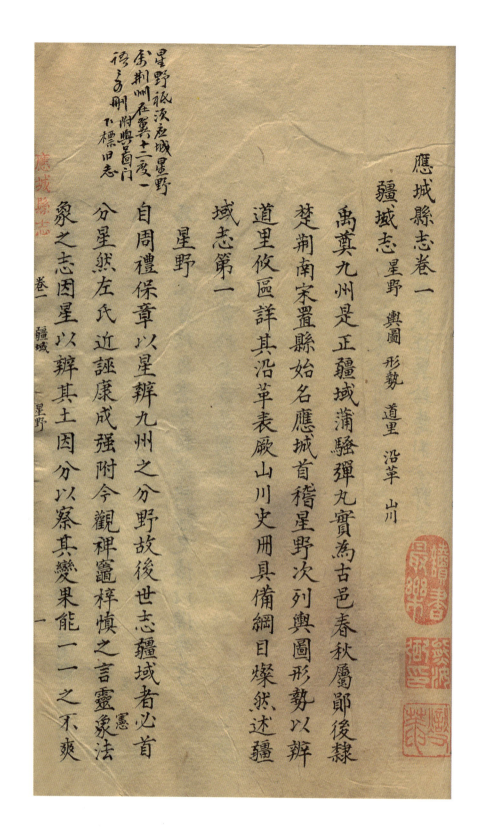

應城縣志卷一

疆域志　星野　輿圖　形勢　道里　沿革　山川

禹奠九州是正疆域蒲騷鄖實為古邑春秋屬鄖後隸

楚荊南宋置縣始名應城首稽星野次列輿圖形勢以辨

道里攷區詳其沿革表厥山川史冊具備綱目燦然述疆

域志第一

　星野

象之志固星以辨其土因分以察其變果能一一之不爽

分星然左氏近誣康成強附今觀祼竈梓慎之言靈象法

自周禮保章以星辨九州之分野故後世志疆域者必首

星野祇須攷應城星野宋荊州在翼十二度一禩三歲刪小標曰志

應城縣志

卷一　疆域　星野　　一

142. ［咸丰］应城县志十二卷首一卷末一卷　（清）奚大壮　（清）姚观纂
修　（清）吕廷栩　（清）熊汝弼续修　稿本
　　开本高22.9厘米，宽14.3厘米。无框栏，半叶十行，行二十四字，小字双行同。钤"爕
菴""熊汝弼印""读书最乐"印。八册。武汉大学图书馆藏。
　　国家珍贵古籍名录编号：04172。

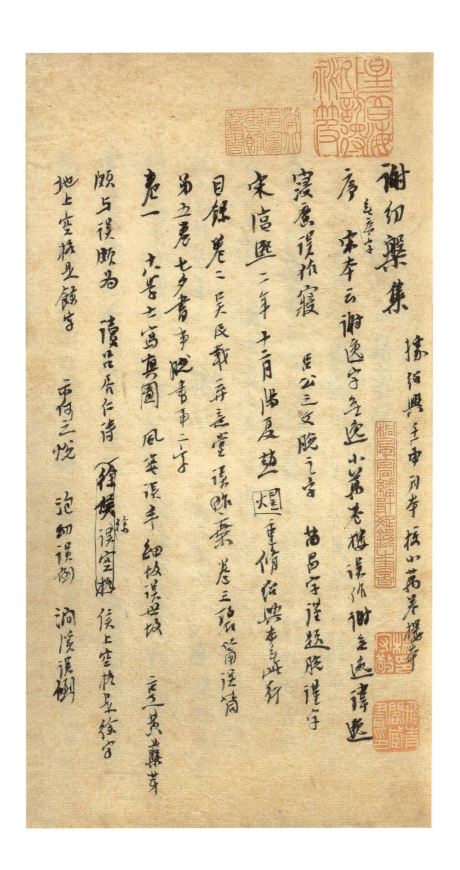

143. 谢幼槃集斠记稿一卷　杨守敬撰　稿本　黄侃跋

开本高 25.7 厘米，宽 15.7 厘米。无框栏，半叶七至九行，行字不等。钤"杨守敬印""飞青阁藏书印""行可""黄侃季刚"等印。一册。湖北省图书馆藏。

国家珍贵古籍名录编号：12758。

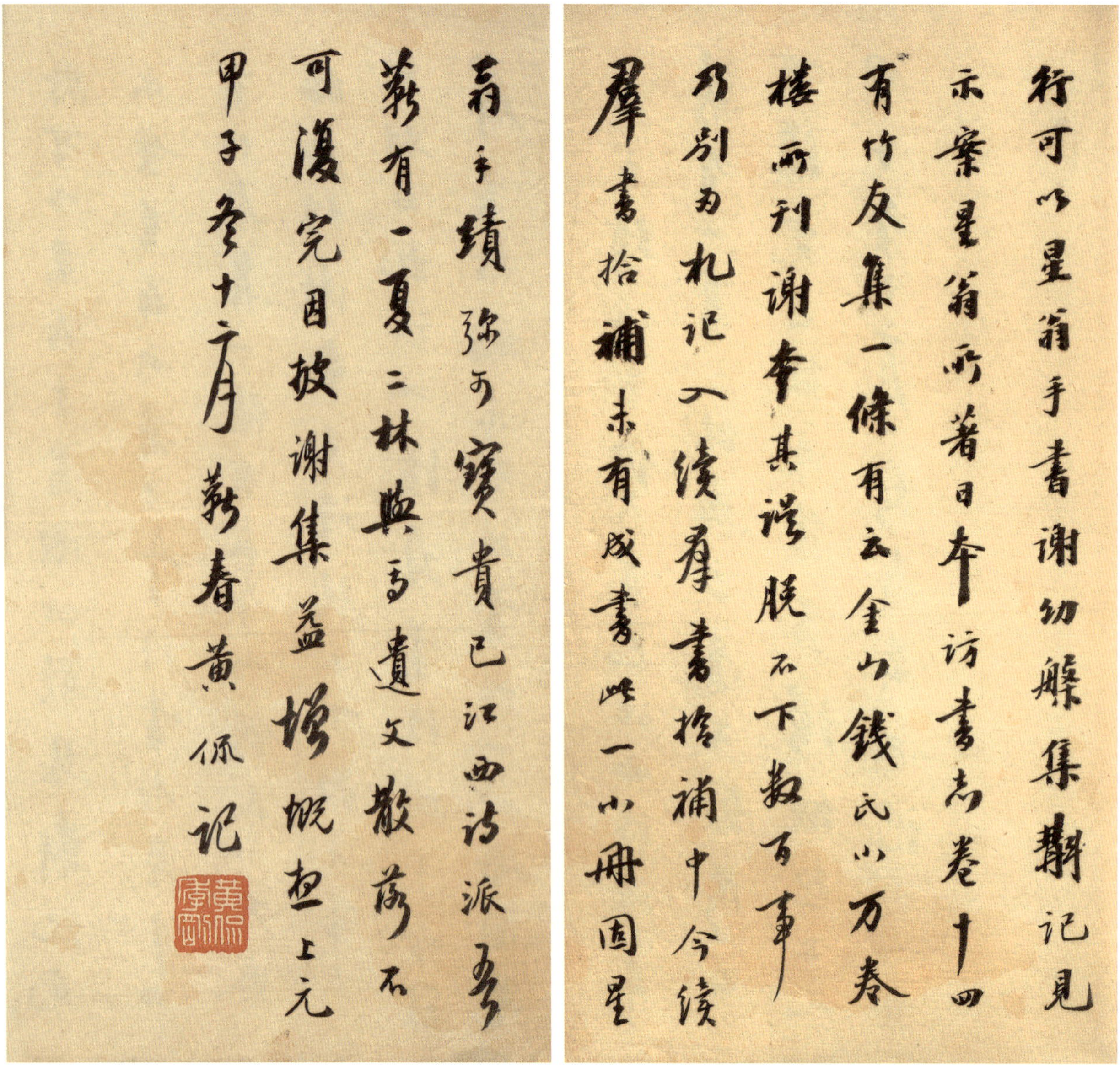

行可以星翁手書謝𤩽集斠記見
示案星翁所著日本訪書志卷十四
有竹友集一條有云金山錢氏小萬卷
樓兩刊謝本其謬脱不下數百事
乃别為札記入續𤩽書拾補中今續
摹書拾補末有成書此一小冊固宜

有手蹟強可寶貴巳江西訪派多
𤩽有一夏二林與吾遺文散薇不
可復完日故謝集益增妩媚上元
甲子參十月𤩽春黃侃記

黄侃跋

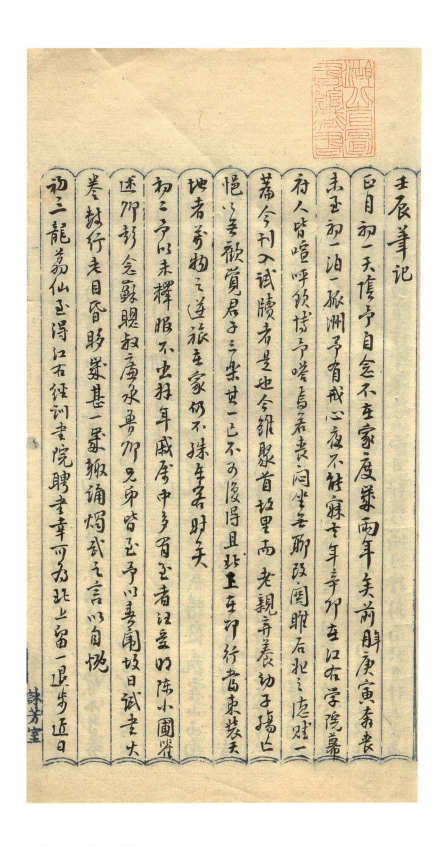

144. 师伏堂日记不分卷 （清）皮锡瑞撰　稿本　存清光绪十八至三十四年（1892—1908）

开本高 21 厘米，宽 12.5 厘米。框高 16.5 厘米，宽 11.3 厘米。半叶十一行，行字不等，蓝口、红口间绿口，四周花边。存三十五册。湖北省图书馆藏。

国家珍贵古籍名录编号：03996。

琦覺寮襍記卷上

桐鄉朱翌

新仲

杜牧之云南軍不衵左邊袂四皓安劉是滅劉其意

以為四老輔立太子為非何不思之甚也惠帝嫡

且長為太子無過即位之後能守髙祖規模亦可

謂賢矣安能料其身後漢有呂氏之禍也哉使惠

帝不可立張良決不肯從呂后之請又豈肯趣四

老人哉南軍不衵左袂意謂周勃入北軍時設有

不衵者奈何此兒童之見也勃所慮者不得入北

軍耳既入則無事矣勃之誐問必已得北軍之情

卷上

145. 猗覺寮杂记二卷　（宋）朱翌撰　清初抄本

开本高 27.5 厘米，宽 16.6 厘米。框高 20.5 厘米，宽 13.8 厘米。半叶十行，行二十字，白口，左右双边。钤"翰林院印"（满汉合璧）印。二册。武汉图书馆藏。

国家珍贵古籍名录编号：11771。

兵經百篇上卷　　　　　江西揭暄子宣著

智部

○○先

兵有先天有先機有先手有先聲師之所動而使敵謀沮抑能

先聲也居人已之所並爭而每早占一籌能先手也不倚搏擊

決利而預布其勝謀能先機也於無爭止爭以不戰弭戰當未

然而寢消之是云先天先天之用尤為最先能用先者能

運全經矣余所謂先天者凡事俱有先天治亂經危能眼高一

146. 兵经百篇三卷　（清）揭暄撰　清乾隆抄本

开本高25.5厘米，宽18.1厘米。无框栏，半叶九行，行二十四字。钤"三畏主人珍藏""幼民""黄陂陈氏究斋图籍记""黄陂陈毅""士可"印。一册。湖北省图书馆藏。

国家珍贵古籍名录编号：04512。

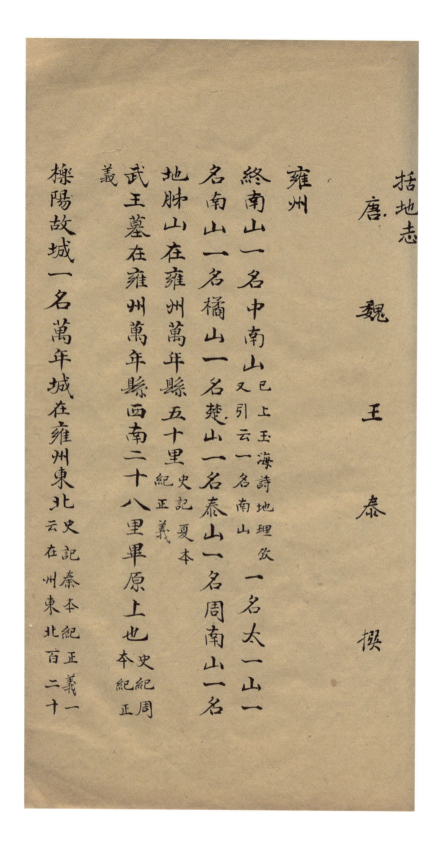

括地志

唐 魏 王泰 撰

雍州

終南山一名中南山已上玉海詩地理攷一名南山一名太一山一名南山一名橘山一名楚山一名泰山一名周南山一名又引云一名南山史記夏本紀正義

地肺山在雍州萬年縣五十里史記正義

武王墓在雍州萬年縣西南二十八里畢原上也本紀正義史記周

櫟陽故城一名萬年城在雍州東北史記秦本紀正義一云在州東北百二十

147. 括地志不分卷 （唐）李泰撰 （清）孙星衍辑 清抄本 清陈若畴校并跋

开本高27.1厘米，宽17.2厘米。无框栏，半叶十行，行二十二字，小字双行同。四册。武汉大学图书馆藏。

国家珍贵古籍名录编号：11655。

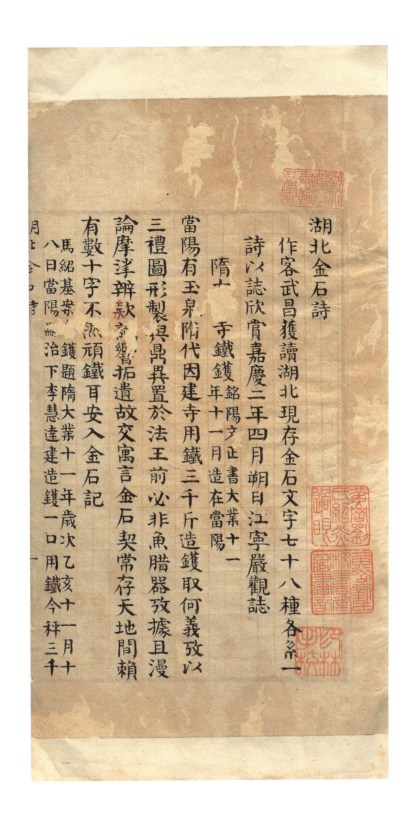

148. 湖北金石诗不分卷 （清）严观撰　清抄本　清许瀚校跋并录清瞿中溶、
杨大鹏题识

金镶玉装。开本高 29.8 厘米，宽 18.2 厘米。框高 19 厘米，宽 13.1 厘米。半叶九行，
行二十二字，小字双行同，白口，左右双边。钤"臣瀚私印""印林手校""黄冈刘氏校
书堂藏书记""黄冈刘氏绍炎过眼"印。一册。湖北省图书馆藏。

国家珍贵古籍名录编号：12610。

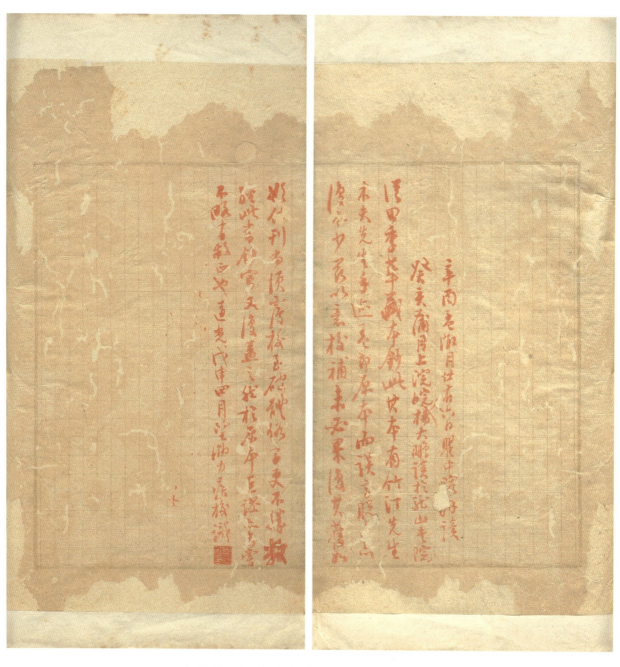

清许瀚跋并录清瞿中溶、杨大鹏题识

元史新編卷一　　本紀一　　邵陽魏源譔

太祖本紀

太祖法天啟運聖武皇帝諱鐵木真姓奇渥溫氏蒙
古部人金世所謂韃靼國也有白韃黑韃二部皆在
漠北曰韃部顏色稍晳在臨潢陰山之北盧朐河之
東亦有生熟二種近漢地者為熟韃靼金史謂之紀
族能種秫炊食介番漢之間其遠者為生韃靼以游
牧為生異於契丹之射獵金史謂之沙陀六謂之阻
鞨人強武而不產鐵故無器甲矢用骨鏃遠時互市
鐵禁甚嚴及金世廢宋河東鐵錢不用皆歸塞外韃

149. 元史新編不分卷　（清）魏源撰　清抄本　王先謙批校
　　开本高 24.4 厘米，宽 17.5 厘米。无框栏，半叶十行，行二十字。十七册。武汉大
学图书馆藏。
　　国家珍贵古籍名录编号：07588。

先谦案元本重複錯亂謹以意改定

西域遠徼背西北接鄂羅斯西南連五印度與今西

洋夷接壤根觸蔓夷發憤重修借鈔目

國朝以前疆域未有廓於元者而史書之蕪蔓疏陋亦未

有甚於兹者爰采四庫書中元代著述百餘種旁蒐（元發憤重修）

元秘史十卷元典章百卷元文類百卷成元代本紀

十二列傳數十表四志八凡 卷敢敢

叙其端曰元有天下其疆域之衰海濱之富兵力物

力之雄廓過於漢唐自塞外三帝中原七帝省莫武

鍾立無一童昏暴缪之主而又内無宫闈奄官之蠱

外無苛政強臣夷狄之擾又有四怙薜之子孫世為

七

王先谦批

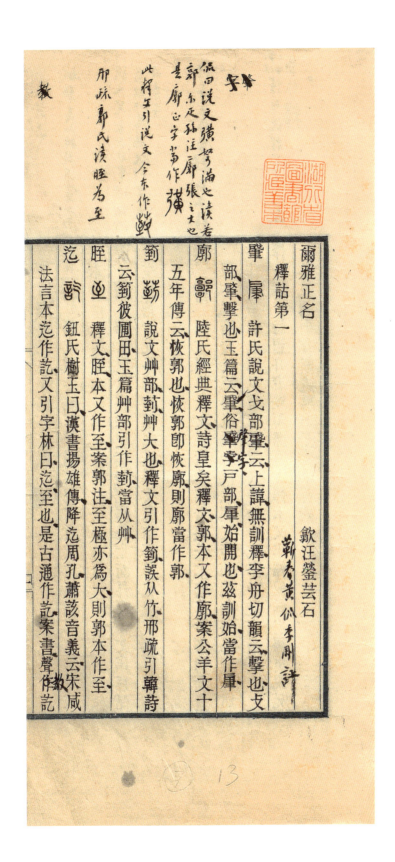

150. 尔雅正名十九卷　（清）汪萊撰　清抄本　黄侃批并跋　章炳麟跋

开本高28.8厘米，宽15.6厘米。框高17.8厘米，宽11.7厘米。半叶十一行，行二十五字，蓝口，左右双边。一册。湖北省图书馆藏。

国家珍贵古籍名录编号：12471。

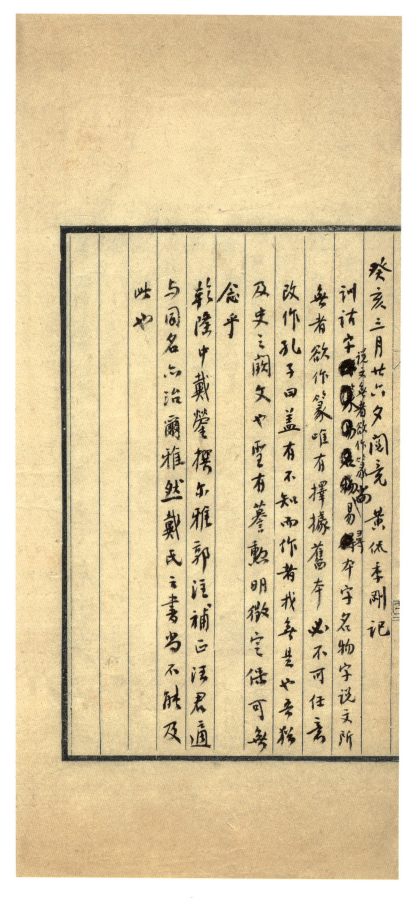

黄侃跋

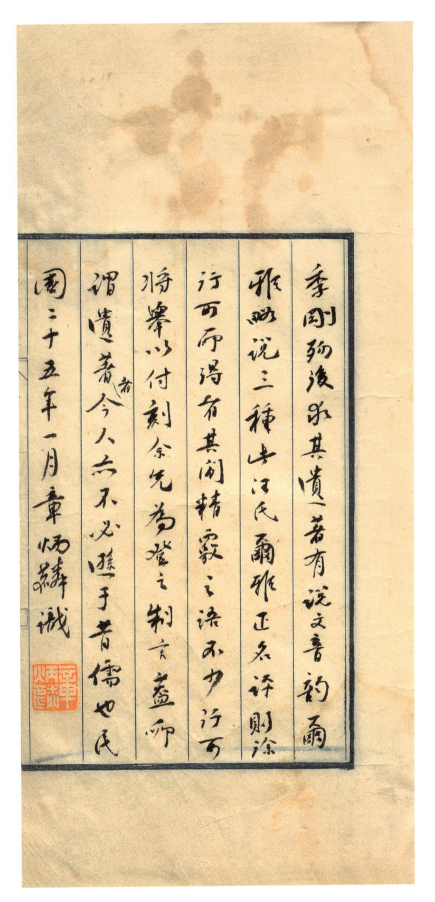

季剛殁後米其遺著有説文音韵爾
雅略説三種去江氏爾雅正名許則涂
行而所得有其閒精覈之語亦少行可
將舉以付刻余先為登之制言盍所
謂遺著今人亦不必撲手晉儒也民
國三十五年一月章炳麟識

章炳麟跋

"册府千华"珍贵古籍展览举办情况一览表

年份	场次	举办单位	展览名称
2014	3	湖北省图书馆	册府千华—— 湖北省藏国家珍贵古籍特展
		山东省图书馆	册府千华—— 山东省藏国家珍贵古籍特展
		南京图书馆	册府千华—— 江苏省藏国家珍贵古籍特展
2015	4	湖南图书馆	册府千华—— 湖南省藏国家珍贵古籍特展
		国家图书馆	册府千华—— 西域文献保护成果展
		国家图书馆	册府千华—— 珍贵古籍雕版特展
		国家图书馆	册府千华—— 民间珍贵典籍收藏展
2016	2	浙江图书馆	册府千华—— 浙江省藏国家珍贵古籍特展
		广东省立中山图书馆	册府千华—— 广东省珍贵古籍特展
2017	6	贵州省图书馆	册府千华—— 贵州省藏国家珍贵古籍特展
		内蒙古自治区图书馆	册府千华—— 内蒙古自治区藏国家珍贵古籍特展
		四川省图书馆	册府千华——四川省图书馆藏国家珍贵古籍 暨四川省古籍保护十周年成果展
		河南省图书馆	册府千华—— 河南省藏国家珍贵古籍特展
		云南省图书馆	册府千华—— 云南省藏国家珍贵古籍特展
		青海省图书馆	册府千华—— 青海省藏国家珍贵古籍特展

年份	场次	举办单位	展览名称
2018	8	南京图书馆	册府千华—— 2018江苏省藏国家珍贵古籍特展
		广西壮族自治区 图书馆	册府千华—— 广西壮族自治区藏国家珍贵古籍特展
		吉林省图书馆	册府千华—— 吉林省珍贵古籍特展
		云南迪庆藏族自治州 图书馆	册府千华—— 纳格拉洞藏经修复成果展
		山西省图书馆	册府千华 妙手匠心—— 山西省古籍保护成果展
		浙江绍兴图书馆	册府千华—— 绍兴市古籍保护成果展
		山东省图书馆	册府千华 守望文明：泰山·黄河·孔子—— 山东珍贵古籍展
		宁夏回族自治区 图书馆	册府千华—— 宁夏回族自治区珍贵古籍特展
2019	2	黑龙江省图书馆	册府千华—— 黑龙江省藏国家珍贵古籍特展
		辽宁大连图书馆	册府千华——大连地区藏国家珍贵古籍特展 暨古籍保护成果展
2020	2	重庆图书馆	册府千华—— 重庆市藏国家珍贵古籍特展
		江西省图书馆	册府千华—— 江西省藏国家珍贵古籍特展
2021	3	江苏苏州图书馆	册府千华—— 苏州市藏国家珍贵古籍特展
		浙江大学图书馆	册府千华：中国与亚洲—— 浙江大学藏中外善本珍本图书
		南京大学图书馆	册府千华·南雍撷珍——南京大学古籍菁华展 暨中国古代套色版画特展

年份	场次	举办单位	展览名称
2023	4	四川大学图书馆	册府千华·锦水含章—— 四川大学古籍菁华展
		苏州图书馆	册府千华—— 《永乐大典》与苏州文献展
		扬州市图书馆	册府千华—— 扬州运河文化典籍展
		湖北省图书馆	册府千华—— 湖北省藏珍贵古籍特展
2024	2	新疆维吾尔自治区 图书馆	册府千华—— 历代西域诗抄珍贵古籍展
		浙江图书馆	册府千华·百年嘉业： 嘉业藏书楼文献文物特展